Burma

Entdeckungsfahrt in ursprüngliche Asien

Liebe Leserin, lieber Leser,

die Entscheidung, ein Heft über Burma (amtlich Myanmar, dt. auch Birma) herauszugeben, hat sich MERIAN nicht leicht gemacht. Lassen wir dem repressiven Regime nicht unbillige Unterstützung zukommen, wenn wir über die Schönheiten des Landes berichten und mittelbar die Leser dazu animieren, als Touristen Devisen in das südostasiatische Land zu exportieren? Immer wieder wurde die Frage aufgebracht, und immer wieder hat sich die MERIAN-Redaktion gegen ein Burma-Heft entschieden. Erst als die Militärjunta 2002 die Sanktionen gegen die unter Hausarrest stehende Friedensnobelpreisträgerin Aung San Suu Kyi lockerte und ein gesellschaftlicher Dialog in Gang kam, entschieden wir uns schnell und spontan für eine Ausgabe über Burma, das vielen Asienkennern als das schönste, weil ursprünglichste Land der Region gilt.

Im Mai 2003 jedoch erwies sich die Charme-Offensive der Junta als Bluff. Kein politischer Frühling, lediglich eine Fata Morgana. Inzwischen hatten wir uns aber schon so intensiv mit dem Land beschäftigt, so viele Reisen unternommen und so viele Gespräche geführt, dass wir diese Ausgabe nicht mehr aus dem Programm nehmen wollten. Außerdem hatte sich bei uns die Erkenntnis der früheren deutschen Ostpolitik durchgesetzt, wonach ein Wandel durch Annäherung möglich ist.

Burma ist kein Land, dass man bereisen sollte, ohne sich gründlich informiert zu haben. Die politischen Probleme dort sind so groß, dass sie auch vom landschaftlichen und kulturellen Zauber nicht verstellt werden. So werden Sie in diesem Heft Artikel finden, die beides leisten: deutliche und klare Informationen über die Situation im Land und immer wieder Bilder, die vom besonderen Reiz Burmas zeugen.

Viel Spaß beim Lesen.

Herzlich, Ihr

Andreas Hallaschka
MERIAN-Chefredakteur

EINE GROSSE SCHAR Träger begleitete die Expedition in den wilden Norden, die Nicolas Cornet als Fotograf und Autor dokumentierte. Im Bild der Abschied nach drei Wochen enger Gemeinschaft **Seite 100**

DIE NONNE PARANI nahm Charlotte Wiedemann als Gast in ihrem Haus auf. Zum Einblick ins Klosterleben gehörte auch, dass sie der Autorin aus ihrem Heft buddhistische Gebete vorsang **Seite 44**

DER GEISTERBERG Mt. Popa war einer der Orte, wo Philippe Gontier dem Nat-Kult nachspürte. Seine Bilder spiegeln die Faszination für Menschen, die „das Unsichtbare erscheinen lassen" **Seite 54**

RUBRIKEN

MERIAN | Info >> SEITE 110

>> Titelthemen

SEITE 12

DAS HERZ DES LANDES

schlägt an der Schwedagon-Pagode in Rangun. Sie leuchte in ihrem Gold, schrieb Sommerset Maugham, „wie eine plötzliche Hoffnung in der Seele dunkler Nacht“

SEITE 62

IN LEISEN WELLEN

verläuft das Leben der Intha. Zentrum ihres Kosmos ist der Inle-See: In ihm fischen sie, auf ihm bauen sie sogar Gemüse an. Und die besondere Technik des Beinruderns lernen Kinder hier noch vor ihren ersten Schritten

SEITE 44

VOM GLÜCK DES GLAUBENS

vermittelt der Besuch in einem Nonnenkloster eine Ahnung. Obwohl der Alltag dort nicht rosig ist

SEITE 84

GEHEIMNISVOLLE RELIKTE

einer Weltstadt: im Mittelalter lebten in Pagan eine halbe Million Menschen – zwischen 4000 Pagoden und Tempeln

19. Jahrhundert

2003

SULE-PAGODE
Zeitsprung

Im 19. Jh. war die Sule-Pagode im Zentrum Ranguns noch von Grün umgeben. Die Stadt war seit 1852 in der Hand der Engländer, die große Grünflächen anlegten und viktorianische Verwaltungsgebäude bauten – rechts sieht man die Townhall. Auf dem Hügel im Hintergrund ist die Schwedagon-Pagode zu erkennen. Heute ist die Sule Mittelpunkt eines Kreisverkehrs, in den sich auch viele fast antike Fahrzeuge einfädeln

ပြည်ထောင်စုမြန်မာနိုင်ငံတော်

Der offizielle Landesname in der schönen Landesschrift: Union von Myanmar

GRETCHENFRAGE
Burma, Birma, Myanmar?

Wie soll man dieses Land nennen? Durch Jahrhunderte war der offizielle Name Myanmar, Burma tauften es erst die Briten, als sie es im 19. Jh. zum Teil ihrer indischen Kolonien machten – sie lehnten sich dabei an die indische Bezeichnung „Bama" an. Die ersten Europäer in der Region aber, die Portugiesen, nannten das Land Birma. Nach der Unabhängigkeit 1948 behielt das Land in der englischen Version den Namen Burma, erst 1989 kehrte die Militärregierung zu Myanmar als alleinigem Namen zurück – in der Landessprache hatte das Land immer so geheißen – und gab gleichzeitig fast allen Orten und vielen Flüssen wieder ihre vorkolonialen Namen. Weil die Militärs keine demokratische Legitimation besitzen, hält die Opposition als Ausdruck des Protests am alten Namen Burma fest. Die Staatsbürger werden dann Burmesen genannt, die Landessprache ist Burmesisch. Burmanisch wird verwendet, wenn man sich nur auf das Volk der Burmanen (Bamar) bezieht, das etwa 69 Prozent der Bevölkerung ausmacht.

Auch MERIAN bleibt bei Burma, Rangun, Irrawaddy und Pagan, verwendet aber im Übrigen die neuen Bezeichnungen. Das ist im Sinne des Reisenden, denn vor allem jungen Burmesen sind die alten Namen oft nicht mehr geläufig. Viele der neuen Namen stehen auch der lokalen Tradition näher als die von den Briten eingeführten, die oft einfach eine anglisierte Form alter Bezeichnungen waren. Allerdings kann man auch in Burma noch auf alte Namen stoßen, etwa in älteren Karten und Büchern.

NAMEN
Neu und alt

Ayeyarwadi	Irrawaddy
Bagan	Pagan
Bago	Pegu
Dawei	Tavoy
Kawthoung	Victoria Point
Kyaingtong	Kengtung
Mawlamyaing	Moulmein
Mrauk U	Mrahaung
Myanmar	Burma
Myeik	Mergui
Pathein	Bassein
Putao	Fort Hertz
Pyay	Prome
Pyin-U Lwin	Maymyo
Rakhine	Arakan
Sittwe	Akyab
Tanintharyi	Tenasserim
Thandwe	Sandoway
Thanlwin	Salween
Yangon	Rangun

OLYMPUS
Your Vision, Our Future
DER MOMENT: PERFEKT.
DIE KAMERA: AUSGEZEICHNET.
Die Olympus μ[mju:] 400 DIGITAL:
Beste digitale Consumer-Kamera
bei den TIPA European Photo & Imaging Awards 2003/2004.
4 Millionen Pixel in einem wetterfesten* Metallgehäuse.
OLYMPUS
4.0MEGAPIXEL
TIPA
TECHNICAL IMAGE PRESS ASSOCIATION
www.olympus.de
*entspricht IEC Standard publication 529 IPX4

THANAKA *Malerisch*

Die Paste ist ein kosmetisches Allzweckmittel: Sie schützt vor der Sonne, kühlt, duftet angenehm, hält die Haut geschmeidig, desinfiziert – und sieht in feiner Zeichnung wunderhübsch aus. Gewonnen wird das typisch burmesische Make-Up aus der weichen Außenrinde des Thanaka-Baums, der in den zentralen Regionen des Landes wächst. Sie wird mit ein wenig Wasser am Schleifstein gemahlen, es gibt aber auch fertiges Puder zu kaufen.

ZAHLENSPIEL

4 000 000
Pagoden für die Gläubigen

250 000
Telefonanschlüsse für 48 Millionen Burmesen

mehr als 200 000
Angehörige ethnischer Minderheiten Burmas leben als Flüchtlinge in Thailand

120 000
Touristen reisten 2002 nach Burma; ins benachbarte Thailand 10 Millionen

5000
Elefanten arbeiten in den Teakwäldern

135
ethnische Gruppen haben Forscher in Burma gezählt, die **200** Sprachen sprechen

53
Tonnen Gold bedecken den Zedi der Schwedagon-Pagode

4
von 133 untersuchten Ländern wurden im jährlichen Bericht von Transparency International als noch korrupter als Burma eingeschätzt.

1
US-Dollar im Jahr erhalten die Burmesen pro Kopf an internationalen Hilfsgeldern – die Menschen in Kambodscha dagegen 70 Mal so viel

WASSERFEST Frisch ins **Neue Jahr**

Der burmesische Sozialzyklus kennt drei Phasen: vor dem Wasserfest (Planung), nach dem Wasserfest (totale Erschöpfung) und während des Wasserfests (außer Rand und Band). Das Wasserfest Thingyan markiert Burmas Neujahr. Und das wird in einer alten Reisbauernkultur nicht am 1. Januar begangen, sondern Mitte April, wenn die Felder von der Sonne verbrannt sind, die Temperaturen sich dem Siedepunkt nähern, die Vorräte zur Neige gehen und nur Regen noch Rettung bringen kann. In dieser Zeit extremer Trockenheit gilt es nun, den Göttern durch größtmögliche Wasserverschwendung zu beweisen, dass man felsenfest an ihre ewige Güte glaubt. Also bewirft man sich mit Wasser, was Kräfte, Eimer und Pumpen hergeben. Ein Heidenspaß, der sich jedoch dem Wunsch nach Verewigung widersetzt – Kamera und Videogerät würden nicht überleben. Also: Bewahren Sie die Bilder im Kopf und machen Sie mit. Dünne Kleidung ist von Vorteil, Geld, Papiere und Zigaretten sollten wasserfest verpackt sein, möglichst auch die Brille: Manchmal ist das Wasser mit Eiswürfeln vermischt. Und rein in die Schlacht um der Götter Gnade.

LONGYI Gut **gewickelt**

Auch wenn Hosen und westliche Röcke mittlerweile nicht mehr als „Kolonialpropaganda" gelten – populärer ist weiterhin der traditionelle Longyi. Aus gutem Grund: Im schwülen Klima ist alles andere unbequemer. Drunter wird nichts getragen, und sich mit dem Hüfttuch den Schweiß zwischen den Schenkeln abzuwischen, ist durchaus schicklich. Besuchern verschafft es Anerkennung, Longyi zu tragen – bis die Knotentechnik sitzt, sollten Sie allerdings auf Unterwäsche nicht verzichten.

Der klassische Burma-Look: Longyi und Mandalay-Slippers

THIS IS THE
CHIVAS
LIFE
Ice fishing in Alaska.
CHIVAS REGAL
AGED 12 YEARS
PREMIUM SCOTCH
WHISKY
PRODUCE OF SCOTLAND
CHIVAS BROTHERS LTD

WIDERSTAND

Der Mut der **Komödianten**

Diktatoren verstehen keinen Spaß: Fünfeinhalb Jahre Gefängnis brachten ihre regimekritischen Scherze den „Moustache Brothers“ aus Mandalay ein. Seit Juli 2001 sind sie frei, haben aber Auftrittsverbot. Der Bann gilt für ihre ganze Familie, die eine lange Tradition in der Kunst des A-Nyeint hat, jener typisch burmesischen Mischung aus Slapstick, Theater, Tanz und Musik: „Die Mächtigen wollten uns aushungern.“ Nun geben sie jeden Abend in ihrem Haus eine Vorstellung für Touristen – eine kleine Demonstration gegen die Allmacht der Generäle. Längst sind sie eine Attraktion, doch sie sehnen sich danach, wieder vor ihrem wirklichen Publikum zu stehen.

Moustache Brothers, 39. Straße (zwischen 80. und 81.), Mandalay

Handzeichen: Burmesen wollen gern wissen, was die Zukunft bringt. Hochzeit, Hausbau, Reisen – kaum ein Unternehmen wird ohne Konsultation eines Wahrsagers geplant

ABERGLAUBE

Partei**propheten**

Fast alle Burmesen sind Buddhisten – und gleichzeitig durch und durch abergläubisch. Neben einem Glaubenssystem aus Wochentagen, Tiersymbolen, Planeten und Himmelsrichtungen üben Zahlenmagie und Wahrsagerei unwiderstehlichen Reiz aus. Als mächtigste Zahl gilt die 9, weshalb Diktator Ne Win zum Beispiel auf Anraten seines Astrologen über Nacht die üblichen Banknoten durch solche im Wert von 90, 45 (4+5=9) und 15 (wie das 9 ergibt, ist Geheimnis des Astrologen) Kyat ersetzte, mit der unglücklichen Folge, dass die Volkswirtschaft kollabierte. Doch auch die Opposition vertraut auf Magie: So sollen während Aung San Suu Kyis letzter Haft an neun Tempeln in Rangun jeden Morgen um neun Uhr neun Anhänger für ihre Freilassung gebetet haben. All das nach genauer Weisung eines „Demokratie-Astrologen“.

MEDIEN Nachrichten**fluss**

Das Regierungsorgan „New Light of Myanmar“ bietet Orwellschen New-Speak, die Bulletins der Exilorganisationen sind oft ebenfalls einseitig; eine Alternative will das Magazin „Irrawaddy“ sein, das burmesische Dissidenten in Thailand herausgeben: *www.irrawaddy.org*

BURMA | TOP

UNBEDINGT SOLLTEN SIE ...

>> ... einmal mit dem Zug fahren: Waggons wie Gleise museal, Tempo Schnecke, Fahrplan Makulatur – aber sehr romantisch. Wenn der Nachtzug keinen Strom hat, gibt's Kerzen.

>> ... den Staatsprofit an Ihrer Reise minimieren: wohnen, essen, Souvenirs kaufen kann man überall auch bei Privatbetrieben.

>> ... den Hotelportier mit dem Taxifahrer verhandeln lassen.

>> ... ein paar seriöse englische Magazine ins Gepäck stecken: Viele Burmesen sind für Lektüre dankbar.

>> ... ausreichend Sonnencreme mitnehmen, die ist im Land kaum erhältlich.

BURMA | FLOP

AUF KEINEN FALL SOLLTEN SIE ...

>> ... Schnürschuhe anziehen: Pagoden und Privathäuser darf man nur barfuß betreten.

>> ... sich freizügig kleiden oder in der Öffentlichkeit Zärtlichkeiten austauschen.

>> ... laut werden, wenn Sie sich ärgern. Sie verlieren Ihr Gesicht. Lautstärke ist der Fröhlichkeit vorbehalten.

>> ... in kleineren Orten ohne Taschenlampe zum Abendessen ausgehen – Sie werden sich durch stockfinstere Nacht zurücktasten.

>> ... hoffen, Ihre E-mails abrufen zu können: freien Internet-Zugang gibt es in Burma nicht.

SYMBOLE ***Macht****maskottchen*

Unter den Königen hatten die heiligen Tiere einen Palast, wurden mit Seide, Gold und Juwelen geschmückt, badeten in Duftwasser und tranken Menschenmilch – denn ein weißer Elefant verlieh dem Herrscher göttliche Legitimität, so der Glaube. Er gilt noch immer: Nun lassen die Generäle nach den raren Albinos suchen. Jüngster Beweis, dass ihr Regime unter einem guten Stern steht, ist „Goldene Blume“ aus dem Dschungel Rakhines, ein besonders schönes Exemplar. „Die Augen perlfarben, die Haut hell-pink und der Rücken in der Form eines Zweigs, der von einem Bananenbaum hängt“, schwärmte eine Ranguner Zeitschrift.

„Goldene Blume“ am Tag ihrer Taufe

1000 Routen und ein Ziel:
Kultiviertes Reisen
Studiosus-Reisen erweitern vom ersten Tag an Ihren Blick auf die Welt und schaffen unvergesslich intensive Eindrücke.
Wählen Sie aus dem größten Studienreise-Angebot Europas. Erleben Sie über 100 Länder in ihrer ganzen Vielfalt: Sehenswürdigkeiten und Kultur, Märkte, Strände und die Menschen.
Fordern Sie jetzt kostenlos unsere aktuellen Kataloge an:
Per Telefon 00 800/24 01 24 01
(Gebührenfrei für D, A und CH)
Oder Internet www.studiosus.com
Intensiverleben
Studiosus

DIES IST BURMA...

... UND ES WIRD WIE KEIN ANDERES LAND SEIN DAS DU KENNST.« RUDYARD KIPLING SCHRIEB DAS VOR MEHR ALS 100 JAHREN. IN GEWISSER WEISE STIMMT DER SATZ NOCH HEUTE: DURCH SEINE LANGE ISOLATION IST BURMA UNVERGLEICHLICH GEBLIEBEN

EINE ENTDECKUNGSREISE IN BILDERN

Foto: Raffaele Celentano

Ein gewichtiger Beweis für die Macht Buddhas ist der goldene Fels Kyaiktiyo: Ein Haar des Erleuchteten soll ihn in der Balance halten. Das Wunder zieht Pilger aus dem ganzen Land an

ES HERRSCHT GROSSER REICHTUM AN RITUALEN. SCHON KINDER BEKOMMEN EIN STARKES GEFÜHL DAFÜR, WER SIE SIND

Foto: Oliver Bolch

Mit einer farbenfrohen Prozession wird Shin Pyu gefeiert, der Eintritt ins Noviziat. Fast alle Jungen verbringen eine gewisse Zeit im Kloster und erwerben so Ehre und Verdienst für die ganze Familie

Am Strahlen lässt sich die Verehrung der Schwedagon-Pagode in Rangun ermessen: Ein steter Strom von Gläubigen spendet Goldblättchen für den Zedi, der das Wahrzeichen Burmas ist

IN DÜSTEREN ZEITEN TRÖSTET BUDDHAS LEHRE: DURCHLITTENES LEID BRINGT DIE ERLEUCHTUNG NÄHER

Foto: Tilo Völk

DAS LAND BESTELLEN, DIE PAGODE BESUCHEN: DIE WEGE DES LEBENS SIND SEIT JAHRHUNDERTEN VORGEZEICHNET

Shan-Frauen tragen Ware zum Markt in Kakku. Novizen in der Mahamuni-Pagode in Mandalay. Die elegante Schwezigon-Pagode in Pagan war Vorbild vieler späterer Zedis

DAS MEER BIRGT EINEN GROSSEN SCHATZ: UNZÄHLIGE UNBERÜHRTE INSELN. BURMA KÖNNTE DAS THAILAND DER ZUKUNFT WERDEN

Im äußersten Süden ist der Mergui-Archipel der Küste vorgelagert. Die rund 800 Inseln sind fast unbewohnt; nur Seenomaden vom Volk der Moken bleiben zuweilen hier. Über die Regenzeit oder wenn sie ihre Boote reparieren müssen

Foto: Cathrine Wessel

Morgens gehen die Mönche in diesem Dorf nördlich von Mandalay Almosen sammeln. Die jüngsten sind erst fünf. In abgelegenen Gegenden sorgen oft die Klöster für den Unterricht der Kinder

Foto: Martin Sasse

HINTER DEM BILD DES DÖRFLICHEN IDYLLS VERBIRGT SICH
EIN ÄRMLICHER ALLTAG. JEDES DRITTE KIND IST UNTERERNÄHRT

LANDSCHAFTEN OHNE BETON UND ASPHALT, WASSERBÜFFEL STATT TRAKTOREN: IN BURMA REIST MAN IN EINE ANDERE ZEIT

Der Irrawaddy, 2170 Kilometer lang, ist seit je das Tor zum Land. Auch für die Passagiere des Luxusdampfers „Road to Mandalay“

Kinder hüten Wasserbüffel bei Pindaya im Shan-Staat. Der seichte Taungthaman-See bei Mandalay

Foto: Bernd Jonkmanns

BURMA ÖFFNET SICH. DOCH NOCH IMMER REGIERT EIN GRAUSAMES REGIME. FÜR MANCHE EIN GRUND, NICHT IN DIESES FASZINIERENDE LAND ZU REISEN. ANDERE SAGEN: MIT JEDEM BESUCHER WIRD DIE GESCHUNDENE NATION

NÄHER AN DIE WELT GERÜCKT

TEXT: BARBARA BAUMGARTNER

Seit Stunden steht der Bus nun still, mitten im Nirgendwo, in der mondhellen Nacht. Aber ein Problem? „Oh no, no. No problem." Der junge Mann auf dem Nebensitz, solange wir fuhren zum Schutz vor der sibirischen Klimaanlage tief in Windjacke und Kapuze verschwunden, schüttelt energisch den Kopf. Nur der Motor – er deutet nach hinten – „no water". Wir steigen in die warme Luft hinaus, die meisten Fahrgäste sind schon am Straßenrand versammelt, stehend und hockend, die Arme verschränkt. Mit mildem Interesse und ohne ein Zeichen von Ungeduld verfolgen sie das Geschehen hinten am Bus, wo ein paar Männer sich um die offene Motorenklappe scharen. Ab und zu schüttet einer Wasser hinein, dann steigt jedes Mal unter lautem Zischen eine Dampfwolke auf. Kein Problem. Nur der Motor.

Ein paar Kilometer davor ist es ein Reifen gewesen. Langsam wird klar, warum es zur Ankunftszeit nur vage Vermutungen gab: „Vor Mittag." – „Vielleicht um neun." – „Um elf?" Dennoch gilt der Nachtbus von Rangun nach Mawlamyaing, ein „Express", betrieben von einer der neuen privaten Gesellschaften,unter den Passagieren als ausgesprochen zuverlässig; der Zug, heißt es, sei „nicht pünktlich", und bei den Maßstäben dieses Landes ist das eine beunruhigende Auskunft.

Wir sind schon seit ein paar Wochen in Burma unterwegs, bisher allerdings im Flugzeug – eine zuverlässige, komfortable und, falls man nicht die staatliche Myanmar Airways benutzt, auch sichere Art des Reisens. Doch nährt Fliegen Illusionen, während man sich im Auto, Bus und Zug auf dem Boden der Realität bewegt: Burma hat fast die doppelte Größe Deutschlands, aber keine gute Straße.

Dennoch ist es ein Luxus, dieses Land bereisen zu dürfen. Jahrzehntelang ließ das Regime, die älteste Militärdiktatur der Welt, Touristen gar nicht oder nur für eine Woche, später zwei, nach Burma; sowieso geschlossen waren jene Gebiete – große Gebiete, vor allem in den Grenzregionen – in denen die zahlreichen Rebellenarmeen der Minderheiten Krieg gegen die Zentralgewalt führten. Nun herrscht in weiten Teilen des Landes Waffenstillstand und Besucher dürfen einen Monat bleiben, sogar in entlegenste Ecken fliegen. Noch immer aber regieren die Generäle mit eiserner Hand. Und nach wie vor ist Burma mit sich selbst nicht im Reinen, zerrissen.

Nicht einmal über den Namen ist man sich einig: Myanmar oder Burma? Das Regime kehrte 1989 zum alten burmesischen „Myanmar" zurück, die Opposition, die 1990 Wahlen gewann, die nie anerkannt wurden, lehnt diesen Namen als so illegitim ab wie die Militärregierung. Unser Teil der Welt kennt Burma als buddhistisches Märchenland voll glänzender Pagoden und lächelnder Menschen – oder als Reich der Angst, in dem brutale Diktatoren die Bevölkerung terrorisieren und eine mutige Frau namens Aung San Suu Kyi gefangen halten, wo tausende Kindersoldaten unter Waffen stehen und jedes Jahr hunderte Tonnen von Opium produziert werden. Beide Burmas gibt es.

Soll man dieses Land überhaupt besuchen? Aung San Suu Kyi, die Friedensnobelpreisträgerin und wichtigste burmesische Oppositionelle, sagt nein: Tourismus stütze die Junta. Doch in diesem Punkt sind auch viele Befürworter eines Wirtschaftsboykotts anderer Meinung; Kontakte mit Ausländern, hoffen sie, werden eher eine Öffnung bewirken.

„Und was hat denn selbst das Wirtschaftsembargo bisher gebracht? So viele Jahre boykottiert der Westen Burma schon, aber die Generäle wohnen immer noch in schönen Häusern, schicken ihre Kinder auf gute Schulen." Ma Thanegi ist Journalistin und Malerin, und einst war sie Mitstreiterin von Aung San Suu Kyi. Ich treffe sie in Rangun, eine elegante Dame im Kostüm, mit makellosem Englisch. 1988 schloss sie sich der Demokratiebewegung an, arbeitete als Sekretärin für Aung San Suu Kyi. Als das Militär den Traum von einem demokratischen Burma ein grausames Ende machte, kam Ma Thanegi für fast drei Jahre ins Gefängnis. Jetzt

Der Duft der großen weiten Welt – auf einem Plakat. Lange war Englisch genauso verpönt wie der Kapitalismus

arbeitet sie für eine Zeitschrift, die mit dem Regime kooperiert, weshalb manche sie einen Wendehals nennen, und andere loben, dass sie versuche, Fronten aufzubrechen. Sie selbst sagt, sie sei des „Burma-Märchens" überdrüssig: Gut gegen Böse, die richtige Seite ist leicht zu wählen; der Westen kann sich moralisch geben, aber für die normalen Burmesen sind viele Jahre Leben vergangen, ohne dass ein glückliches Ende näher gerückt wäre. Und sie sagt, was viele Boykottgegner sagen: „Isoliert war diese Land lang genug."

Tatsächlich war Burma von 1962 an, als das Militär in einem Putsch die Macht an sich riss, fast 30 Jahre aus der Welt verbannt. Keinerlei Kontakt zum Ausland; Englisch galt als Sklavensprache. Den „burmesischen Weg zum Sozialismus", nannte es Staatschef General Ne Win, der das Copyright dafür hatte. Eine Katastrophe – und einer der Gründe, warum Burma ein Stück Bilderbuchasien blieb. Wasserbüffel statt Traktoren, entspannt an ihren Tabakstumpen ziehende alte Frauen, ein ganzes Volk im Wickelrock Longyi: Wenn das Land noch heute manchmal so wirkt, als hätte jemand die Zeit angehalten, dann deshalb, weil genau das passiert ist.

Besucher sind vom Resultat meist bezaubert. Sie schwärmen, in Burma sei das alte Asien noch lebendig. Wer gerade Bangkok hinter sich hat, erliegt dem Charme besonders enthusiastisch: Hier streichen die Mädchen, um sich schön zu machen, Rindenpuder auf ihre Wangen! Westeuropäer, denen die Götter abhanden kamen, betrachten mit leisem Neid auf den Gesichtern die hingebungsvoll Betenden in Ranguns Schwedagon-Pagode, diesem goldenem Wunder, dem strahlendem Symbol für Buddhas Macht in Burma.

Manchmal schwingt in der Begeisterung Dringlichkeit mit: wie lange noch? Schon sieht man in Rangun Mobiltelefone. Ein italienischer Tourist in der Hotelbar bemerkt, so unmodern seien die Burmesen ja auch nicht mehr. Unüberhörbar enttäuscht ihn das. Wenig später sagt er, wieder leicht missbilligend und ohne dass ihm auffällt, wie widersprüchlich seine Wünsche sind: „Die Menschen hier haben keine Ahnung vom Rest der Welt."

Schon vor Ne Win erlebte Burma lange Perioden der Isolation. In der Kosmologie der Königreiche stellte der Palast – wo immer er gerade stehen mochte – das Zentrum des Universums dar. Nach außen hin wurde es dann ganz schnell uninteressant. Kein Wunder, dass der Hof in Mandalay sich im Umgang mit den britischen Herren Indiens nicht um Diplomatie bemühte. Gewährte der König den Emissären überhaupt Audienz, war dafür gesorgt, dass sie eine möglichst lange Strecke mit nackten Füßen und Häuptern in der sengenden Sonne zurücklegten. Eintreten mussten sie durch eine absurd niedrige Tür: Selbst den Kleinwüchsigsten zwang sie in eine tiefe Verbeugung.

Die Briten holten sich ihre Revanche. Vom Süden aus annektierten sie nach und nach das ganze Land, 1827 machten sie Moulmein zu ihrer ersten Hauptstadt. Heute heißt die Stadt Mawlamyine und wirkt – um zwei Uhr nachmittags kommt unser Bus schließlich an – wie in Zeitlupe verfallen. Abblätternde koloniale Fassaden, in die sich Moder frisst, und die bröckelnde barocke Grandeur dreier Zuckerbäckerpaläste: Moscheen der Inder, die im Schlepptau der Briten nach Moulmein gekommen waren.

Doch die Briten hinterließen in Burma mehr als reizvoll deplatzierte, verfallende Gebäude. Sie schufen den Staat in seinen heutigen Grenzen erst, indem sie große von Bergvölkern bewohnte Regionen mit dem burmanischen Herzland verschmolzen. Darin sehen manche Historiker den Geburtsfehler Burmas, denn kaum wurde die koloniale Kreation unabhängig, drohte sie auch schon zu zerfallen.

Von Anfang an erschütterten Rebellion und Bürgerkrieg den Vielvölkerstaat. Acht Ethnien erkennt die Regierung offiziell an, Dutzende gibt es, mehr als 200 Sprachen. Die Einheit dieses komplexen Gebildes hat der Junta seit jeher zur Rechtfertigung selbst brutalster Unterdrückung gedient. Inzwi-

VIELE STOLZE VÖLKER SIND IN DIESEM LAND ZUSAMMENGEZWUNGEN. DAS IST SEIN DRAMA – UND SEINE GROSSE FASZINATION

schen haben die meisten Rebellenarmeen mit Rangun einen Waffenstillstand geschlossen – der Preis für die Ruhe war, dass sie einige *special regions* kontrollieren.

Kyaingtong liegt im Gebiet der Shan, einer der größten Minderheiten. Sie bewohnen das ausgedehnte Hochplateau im Osten. Bis vor wenigen Jahren war Kyaingtong, wunderbar an einem See gelegen und von Bergen umgeben, für Besucher geschlossen. Auf dem Markt treibt ein buntes Völkergemisch aus den umliegenden Hügeln Handel: Akhas mit ihrem Kopfputz voll baumelndem, schweren Silber; Lisus in kunstvoll bestickten Kitteln; Pao-Frauen, die hohe bunte Turbane tragen.

Eine andere Attraktion aber hat Kyaingtong verloren. Der märchenhafte Palast des *Saopha*, des Shan-Fürsten, der hier einst das Sagen hatte, wurde abgerissen – für viele Shan ein Zeichen, wie Rangun ihre Kultur missachtet. An seiner Stelle steht jetzt ein scheußliches Staatshotel.

Den Königspalast in Mandalay dagegen, der im Zweiten Weltkrieg abbrannte, haben die Generäle wieder aufbauen lassen. Vom Zauber, den dieser Ort einmal gehabt haben muss, lässt die Kopie aber kaum etwas erahnen. Auch die Stadt löst das Versprechen ihres klingenden Namens nicht ein, Neubauten im Stil chinesischer Städte beherrschen das Bild – und Chinesen gehören sie: Nirgendwo wird so deutlich wie in Mandalay, dass der mächtige Nachbar beste Beziehungen zu Burma pflegt. Am Boykott des Westens hat Asien sich nie beteiligt.

„Wirklich gerissene Geschäftsleute, diese Chinesen, dagegen sind wir Burmesen die reinsten Simpel." Der Rikschafahrer, nennen wir ihn U Po, schüttelt in ungläubigen Bewunderung den Kopf. Schon seine erste Fahrgeldforderung weist ihn als etwas Besonderes aus: „Wären 200 Kyat in Ordnung für Sie?" Während wir von Tempel zu Tempel fahren, klärt er uns über so prosaische Dinge wie Inflation und Korruption auf. Ein Polizist zum Beispiel kann sich in diesem Moment von seinem Monatslohn keine zehn Tassen Tee kaufen – wie sollte er da eine Familie ernähren, wenn er nicht das Hundertfache nebenher einnähme? Burma könnte ein reiches Land sein, Öl und Gas, Gold und Edelsteine gibt es hier, aber die Diktatoren haben es zum ärmsten Südostasiens gemacht. U Po muss seinen 13-jährigen Sohn seit zwei Jahren statt in die Schule zur Arbeit in eine Autowerkstatt schicken, und das schmerzt ihn mehr als die Prügel, die er im Gefängnis bezog – er war ein paar Mal wegen Teilnahme an Demonstrationen eingesperrt. „Was können wir für eine Zukunft haben, wenn wir nicht lernen?"

Nach ein paar Tagen nimmt er mich mit nach Hause. Er wohnt am Stadtrand; in brackigem Wasser stehen Bambushütten auf Pfählen. Drinnen ist es leer und sauber. U Po holt ein zerfleddertes Taschenbuch hervor: Taylor, „The origins of World War II", seine neueste Anschaffung. „Leider hab ich viel zu wenig Zeit zum Lesen." Wenigstens könne er während des Rikschafahrens meditieren.

Als wir auf dem Rückweg in die Stadt an einer der wandgroßen Tafeln vorbeikommen, die im ganzen Land „People's Desire" verkünden – „alle inneren und äußeren destruktiven Elemente als den gemeinsamen Feind zerstören; sich allen widersetzen, die negative Ansichten haben ..." – stößt er ein bitteres Lachen aus. „Das Volk hat andere Wünsche."

Auf den Fremden wirken diese Parolen seltsam surreal: Zu groß ist der Kontrast zur weichen Noblesse der Menschen, den pittoresken Dörfern, der Kontemplation in den Tempeln. So viel Harmonie kann nicht nur Täuschung sein, ein Teil der Landesseele muss sich heil erhalten haben. Aber dann wieder ein irritierendes Erlebnis: „Sehen Sie den Herrn auf der Bank gegenüber – er hört jedes Wort mit", sagte der ältere Burmese, mit dem wir am Ende der Reise in einer Ranguner Hotellobby sitzen. Er wirkt nicht sonderlich alarmiert: „Ich kenne Leute, die wichtiger sind als dieser Spitzel." Er hat eine lange Karriere im Staatsdienst gemacht, die abrupt abbrach, als der Sozialismus 1989 aus der Staatsdoktrin verschwand. Um zwölf Uhr unterbricht er kurz die Unterhaltung, um murmelnd eine Sutra zu rezitieren. Im Nachhinein hätten wir ihn gern gefragt, wie das zusammenging: Marx und die spirituelle Geringschätzung alles Materiellen.

Den vermeintlichen Aushorcher treffe ich später auf der Straße wieder. Er lächelt viel sagend, oder das bilde ich mir ein: Es ist leicht, in Burma paranoid zu werden. Allem Anschein nach sind es die Generäle. Autos dürften keine getönte Scheiben haben, erklärt ein Journalist – die Agenten der *military intelligence* sollen sehen, wer im Wagen sitzt –, und auch Motorräder seien Privatleuten verboten, wegen der Gefahr von Attentaten. Dann erzählt er von einem Fotografen, der die Schönheit seiner Heimat in wunderbaren Bildern festhält. Landschaften, Tempelstädte, die Fischer von Inle, Bergstämme in ihren Trachten. Im nächsten Band wird ein Foto fehlen – es kam nicht durch die Zensur. Eigentlich zeigt es nur einen Mönchskopf von hinten. Doch das Fensterkreuz, vor dem er aufgenommen wurde, könnte auch ein Gitter sein. Das störte. □

Barbara Baumgartner *hat dieses Heft und weitere* MERIAN-*Ausgaben über Asien als Redakteurin betreut.*

invent
YOU
FOTOGRAFIEREN SIE MIT LICHT VON VORN.
FOTOGRAFIEREN SIE MIT LICHT VON HINTEN.
FOTOGRAFIEREN SIE BEI SCHLECHTEN LICHTVERHÄLTNISSEN.
FOTOGRAFIEREN SIE BEI JEDEM LICHT.
ADAPTIVE LIGHTING AUS
ADAPTIVE LIGHTING AN
you + hp
ENTDECKEN SIE JETZT DIE HP PHOTOSMART 945 DIGITALKAMERA MIT ADAPTIVE LIGHTING TECHNOLOGIE.
Licht kommt und geht – ohne Rücksicht auf die Fotoaufnahmen, die Sie machen möchten. Zum Glück gibt es jetzt die HP Photosmart 945 Digitalkamera mit der exklusiven Adaptive Lighting Technologie von HP. Sie liefert Ihnen auch bei extremen Kontrastverhältnissen wirklich brillante, gestochen scharfe Bilder. So werden plötzlich Details sichtbar, die normalerweise im Schatten verschwinden. Außerdem können Sie dank dem 56fachen Zoom und einer Gesamtauflösung von 5,3 Megapixeln jetzt noch näher ran ans Motiv. Und die kinderleichte Bedienbarkeit der HP Kamera macht kreative Ergebnisse dazu mühelos möglich. Seien Sie einfach photosmart!
5,3 MP
56x zoom
AUTO FOCUS 8X OPTICAL ZOOM
hp photosmart 945
Weitere Informationen unter 0180/3 22 12 28 (9 Cent/Min.),
www.hp.com/de oder bei Ihrem nächsten HP Händler.
Alle Bilder sind simuliert. Photosmart ist eine eingetragene Marke der Hewlett-Packard Development Company, L.P. © 2003 Hewlett-Packard Company, L.P.

Text: Charlotte Wiedemann

Lange strahlte die Schwedagon-Pagode über einer Hauptstadt im Stillstand. Jetzt tauchen am Horizont Hochhäuser auf, und die Jugend hört Rap. Eine neue Epoche hat begonnen – mit allen ihren Widersprüchen

Zwischen den Zeiten: *Rangun*

Ewig und erhaben: Die Schwedagon-Pagode steht außerhalb des Zentrums auf einem Hügel. Vom südlichen Aufgang schaut man über Parkanlagen Richtung Stadt

Foto: Günter Grafenhain

300

Schneller Wandel: Bis in die neunziger Jahre gab es kaum Autos in Rangun, und die Sule-Pagode war das höchste Gebäude im Zentrum

An der Schwedagon-Pagode: Fegen bringt Verdienst fürs nächste Leben

✦

Kontrastprogramm: Eine junge Nonne auf Almosengang vor der neuen Welt einer Kinoreklame

Buddha ist groß: 70 Meter misst die Statue in der Kyaukhtatgyi-Pagode, einer riesigen Halle mit Blechdach

Foto: Bernd Jonkmanns

Sie kommen im züchtigen Wickelrock, die ärmlichen Nachtschwalben von Rangun. Auf der Toilette des Clubs „JJ-City" schlüpfen sie in eine neue Identität, stopfen die alte ins Schließfach. Dann ist „Modenschau", so heißt das hier: die Haare möglichst länger als der Rock. Die Mädchen kopieren angestrengt den hüftwiegenden Gang der Models, schwanken auf dicken Plateausohlen. Enorm verrucht – für

Westlich: Die universale Popkultur hat Burma erreicht, Jugendliche wollen cool sein wie Gleichaltrige in Singapur oder Bangkok

Indisch: Die Cholia Jama-Moschee gründeten Muslime aus Bengalen, die im Gefolge der Briten nach Rangun kamen

burmesische Verhältnisse. Vorbei die Zeit, da Rangun kein Nachtleben hatte.

An den größten Kreuzungen stehen digitale Ampeln; sie zeigen die Sekunden an zwischen Rot und Grün und verbreiten den Eindruck fieberhafter Eile. Ein paar Blocks weiter südlich, am Hafen, wirft ein Tagelöhner dem Arbeitsaufseher jedesmal ein Stöckchen hin, wenn er mit drei staubenden Säcken Reismehl beladen die Planken zum Schiff hochwankt. Drei Säcke, ein Stöckchen, hunderte Stöckchen am Abend; so berechnet sich der Lohn des menschlichen Lasttiers. Als seien weder Schrift noch Rad noch Kran bisher erfunden.

Ungleichzeitigkeit ist das auffallendste Merkmal Ranguns. Die Zeitmaschine fährt vor und zurück, diese Stadt verwirrt; auch ihre genaue Einwohnerzahl ist unklar, geschätzt wird sie auf vier Millionen. Im Süden, am Fluss, pulsiert die Altstadt, 64 parallele Gassen in kolonialen Plan-Gevierten. Nördlich davon dehnt sich das Stadtgebiet in endloser Gemächlichkeit, erst grün und großzügig urban, dann staubiger, dörflicher. Aber wo ist das Herz dieser Hauptstadt? Vielleicht im Mahabandoola-Park? Da schießt das Unabhängigkeitsdenkmal wie ein blendend weißer Speer aus den Blumenrabatten – in den Himmel, so war es gedacht, aber nun wachsen ringsum höhere Betonbauten, degradieren den Speer.

Mehr Hochhäuser, Autos, Satellitenschüsseln – Burmesen beschreiben den Wandel ihrer Stadt mit Zustimmung, Skepsis oder Gleichgültigkeit, je nach sozialer Lage. Für viele ist die Modernisierung nur ein ferner Glanz. Burmas Öffnung zum Kapitalismus hat eine dünne Oberschicht reich gemacht und eine kleine Mittelschicht sprießen lassen, aber viele andere in einen anhaltenden Existenzkampf verwickelt, vor allem durch die Inflation.

Eine halbe Stunde von der Innenstadt entfernt entsteht die neue Luxus-Exklave Pun Hlaing, „Flussblume". Eine Golfplatz-Wohnlandschaft, wo früher Reisfelder waren. 800 Familien werden hier in märchenhafter Sterilität wohnen, zwischen grünen Hügeln und künstlichen Seen, mit einer eigenen Schule und einem Krankenhaus.

Auch der Pioneer-Club, nicht weit vom Park Royal Hotel, ist eine Oase der Reichen. Die Displays der Mobiltelefone leuchten neonblau auf, wie im Takt des flackernden Discolichts. Hier vergnügen sich die jungen Neureichen und die lässigen Söhne der Generäle. Zum Einkaufen fliegen sie nach Bangkok oder Singapur, sie tragen modisch ausgebeulte Hosen, den traditionellen Wickelrock hat hier nur der Türsteher an. Manchmal liefern die Jungs sich Messerkämpfe, bloß zum Spaß; die Polizei schont sie, der mächtigen Väter wegen. Eben jene Väter haben westliche Pop-Kultur stets als Kolonialisierung gegeißelt.

Rock, Punk und Rap sind die Erkennungsmelodien eines neuen Lebensstils, sie markieren den Ausbruch aus den konservativen burmesischen Sitten, keinen Aufstand. Han Htue Lwin ist ein stadtbekannter Punker. „Du konntest meine Hoffnungen sehen, und sie waren unter deinen Schuhen", lautet eine Song-Zeile; sie politisch zu deuten, findet der 19-Jährige abwegig: „Ich bin zu jung, um mich für Politik zu interessieren." Seine Lyrik handelt von Persönlichem, seiner Freundin, den Nachbarn. Jeder Text muss durch die Zensur. Sein erstes Album „Punk is for all" hat sich gut verkauft; jetzt hat er Geld. Han Htue Lwin trägt Ohrringe zum halb langen Haar, fährt einen gebrauchten Sportwagen und war schon zweimal Mönch auf Zeit im Kloster. In zehn Jahren, glaubt er, wird Rangun wie Singapur sein.

Die Jugend ist nach langer Militärherrschaft eher unpolitisch; Ranguns Universität, einst Nährboden der demokratischen Bewegung, wurde durch lange Schließung ausgetrocknet. Aber seltsam: Der neue Popkultur-Lebensstil scheint nun den verdienten Oppositionellen ebenso suspekt wie den Generälen; Individualismus mit westlichem Gesicht gilt beiden Seiten als dekadent. Auf den Anti-Drogen-Plakaten der Regierung beginnt das Übel bei langhaarigen Hippie-Typen mit Gitarre. Und ein Sympathisant der Opposition urteilt über einen Passanten mit Pferdeschwanz spontan: „Der ist gegen die Gemeinschaft."

Als die Briten 1852 das südliche Burma besetzten, war Rangun eine Kleinstadt im sumpfigen Irrawaddy-Delta. 50 Jahre später, um 1900, hatte sie sich zur blühenden Metropole entwickelt – und jeder zweite Bewohner war Inder. Was die Stadt groß machte, kam aus Indien: Die Knochenarbeit der Kulis, das Geld der Bankiers, die

Wasser für Buddha: So ist es Brauch bei dieser Figur in Schwedagon

Erfahrung der Händler. Als britische Kolonie war Burma 100 Jahre lang ein Teil Indiens; das so indisch wirkende Zentrum Ranguns erzeugte bei vielen Burmesen das Gefühl der Überfremdung. Burmas Nationalismus hatte von Anfang an eine antiindische Färbung.

Juli 1938, ein Regentag: Eine aufgehetzte Menge marschiert von der Schwedagon-Pagode zum Soorti-Basar im Herzen des indischen Viertels. Das Blutbad ist diesmal schlimmer als bei früheren antiindischen Krawallen, mindestens 200 Inder sterben, es folgen Pogrome in ganz Burma.

Später, in den sechziger Jahren, nationalisiert die Regierung die so genannten „ausländischen" Unternehmen; die Maßnahme richtet sich vor allem gegen die Inder. Massenexodus: 300 000 burmesische Inder fliehen in ein Indien, das sie meist bloß vom Hörensagen kennen, nur mit den Kleidern am Leib und einem Taschengeld.

Wo das Menschengewühl der Altstadt besonders dicht ist und der frische Joghurt auf der Straße in Tonschüsseln reift, da ist der Eingang zum Soorti-Basar, damals Schauplatz des Massakers. Ein schummriger Gewürzmarkt; die Händler thronen im Schneidersitz zwischen offenen Säcken und altertümlichen Waagen, durch die engen Gänge fliegen Wortfetzen auf Tamilisch, einer südindischen Sprache. Die ärmeren Inder durften damals bleiben, Arbeiter und

La France des 3 océans
Les îles de Guadeloupe
La Guyane
La Martinique
Mayotte
Nouvelle-Calédonie
La Réunion
Saint-Barthélémy
Saint-Martin
Saint-Pierre-et-Miquelon
Tahiti et ses îles
Wallis et Futuna
Lieber Albatros,
Du kennst sie gut,
die drei Ozeane.
Und auch ich werde
sie bald sehen.
PUBLICIS ETOILE
Illustration : Emilienne DUBOIS
RÉPUBLIQUE FRANÇAISE
RÉPUBLIQUE FRANÇAISE
MINISTERE DE L'OUTRE-MER
Maison de la FRANCE
franceguide.com

Kleinhändler wie der Vater und der Großvater von U Thin Zaw. Das ist der burmesische Name in seinem Pass; für Familie und Freunde heißt er auf Tamilisch Day Varajan, er ist stolz auf „100 Prozent tamilisches Blut“. Geduldig erklärt er die Pulver in seinen Säcken, aber wenn man ihn nach der Zukunft der Inder in Burma fragt, hat er plötzlich keine Zeit mehr. Vorsicht, Politik! Viele Burmesen hegen immer noch Abneigung gegen die Inder, dabei hat der Sozialneid jegliche Berechtigung verloren: Wo in Rangun heute Elend auffällt, trägt es meist indische Züge.

Eine leicht potemkinsche Heiterkeit liegt über vielen Gassen der Altstadt. Die Häuser lächeln himmelblau, hellgrün, rosa, doch nur von vorn betrachtet – zur Seite und nach hinten tragen sie grimmiges Moderbraun. Die Fassaden müssen jedes Jahr nach der Regenzeit neu gestrichen werden; so verlangen es die Generäle. Im November, wenn die Regenzeit zu Ende ist, werden die Farben mit einem Schlag teurer. Moses Samuels verfolgt das genau; der Vorsteher der jüdischen Gemeinde betreut die Synagoge in der 26. Straße, das ist die Straße der Farbenhändler. Die jüdische Gemeinde zählt nur noch acht Familien, 20 Menschen. Schon lange ist kein Rabbi mehr da.

In Rangun lebten tausende Juden, sie waren irakischer Herkunft – in diesem Einwandererhafen trafen sich Religionen und Ethnien in allen erdenklichen Konstellationen. Die meisten Juden flüchteten wie die Inder wegen der Nationalisierung. Damals wurden auch die Schulen der Minderheiten geschlossen; Samuels spricht kaum Hebräisch, er schickte seinen Sohn nach Israel, um es zu lernen.

Die Farbenhändler in der 26. Straße sind überwiegend indische Muslime; Samuels' Synagoge steht also in einer muslimischen Straße in einer buddhistischen Stadt. Ein paar Häuser weiter lernen Kinder in einer Abendschule das Urdu ihrer pakistanischen Vorfahren. Im Schatten von zu groß gewordenen Gebetshäusern sitzen exotisch gekleidete alte Männer; sie erinnern freundlich und melancholisch an eine prächtigere Vergangenheit. Naseeb Singh, der alte Sikh, hat die Spitzen seines grauen Barts so hoch gezwirbelt, dass sie im roten Turban verschwinden. Er wäscht sorgsam seine Hände, dann zieht er vorsichtig das Spitzentuch vom heiligen Buch der Sikh. Er ist der Letzte, der es lesen kann.

Das oberste Gericht hat sich mit Stacheldraht vermummt. Vom Parlamentsgebäude, in dem schon lange kein Parlament mehr tagen darf, schweift der Blick über den „Volksplatz“, der für das Volk gesperrt ist. Diktatur in stillen Bildern. Zivilisten im Wickelrock sitzen auf dem Grünstreifen einer Straße, pro Baum ein Müßiggänger. Die Burmesen sehen sofort: Das sind Soldaten in Zivil. Während einer politischen Krise zwischen Thailand und Burma weht auf vielen Häusern die Nationalflagge. Ein Ranguner, der als Erster in seinem Viertel geflaggt hat, gibt folgende Erklärung: „In ein paar Tagen hätten uns die Behörden aufgefordert zu flaggen – dann hätte ich vor mir selbst das Gesicht verloren. So habe ich freiwillig gehandelt.“

Die Ranguner haben gelernt, sich gegen Politik zu immunisieren. Gespräche brechen plötzlich ab. Fragen werden überhört, überschwiegen. Wer glaubt, er habe sich verdächtig gemacht, meldet sich vorauseilend beim Geheimdienst, dem allgegenwärtigen Großen Bruder. Begründete und übertriebene Furcht, untrennbar verwoben.

Gibt es einen Ort, wo man sich erholen kann von den Widersprüchen dieser Stadt? Die Schwedagon-Pagode; vielleicht ist doch sie das Herz Ranguns. Abendstimmung: Alles ist in gelbes Licht getaucht, der Abglanz des Goldes im Strahlen der Scheinwerfer. Menschen aller Altersstufen umrunden die Pagode mit jenem gemessenen Schritt, den der Faltenwurf des Wickelrocks bestimmt. Jemand schlägt einen Gong, sonst nur große, barfüßige Ruhe. □

Charlotte Wiedemann, *Publizistin in Berlin, lebte bis 2003 vier Jahre in Malaysia und war auf ihren Reisen durch Südostasien auch in Burma.*

Die Lady, wie ihre Anhänger Aung San Suu Kyi nennen, vor einem Bild ihres als Nationalheld verehrten Vaters

Die eiserne Hoffnung

Das Volk liebt sie geradezu verzweifelt, die Junta fürchtet, die Welt bewundert sie. Ihr heroischer Kampf hat Aung San Suu Kyi zum Mythos gemacht – aber Burma bisher nicht geholfen

Text: Charlotte Wiedemann

Rangun, Shwegondine-Straße. Hier wird jeder Schritt überwacht, die Spitzel des Regimes sitzen im Taxi, im Teehaus. Ein rot gestrichenes Eisentor, dahinter: ihr Büro. Das Hauptquartier der „Nationalen Liga für Demokratie" ist kaum größer als zwei Garagen übereinander. Die Augen brauchen einen Moment, um sich von der tropenhellen Straße auf diese düstere Bude umzustellen. Wackliges Mobiliar, dunkle Holzbänke, eine Schiefertafel in der Ecke. Fahles Licht einer Neonröhre. Wandgemälde sind der einzige Schmuck: Lebensgroß Aung San Suu Kyi, ihr Vater. Alles wirkt wie aus der Zeit gefallen, wie die schummrigen Kulissen eines alten Films.

Die schmale Treppe hoch. Ihr Assistent sitzt an einem winzigen Tischchen im Flur, mit dem einzigen Telefon. Nicht einmal ein Faxgerät. Faxgeräte sind in Burma verboten, niemand sonst hält sich daran, aber die Opposition darf nichts riskieren.

„Fünfzehn Minuten", sagt der Assistent. Es sollte ein großes Interview werden, ihr Leben, Burmas Zukunft. „Fünfzehn Minuten. Sie gibt nie mehr." Und dann steht sie da: mit der Blume im Haar und der typischen burmesischen Bluse. 58 Jahre ist sie jetzt alt, die Gestalt immer noch mädchenhaft graziös. Doch ihre Ausstrahlung ist kühl, fast herrisch, hinter der Grazie verbergen sich Disziplin und eiserner Wille. Kein Smalltalk zum Aufwärmen, Aung San Suu Kyi verschwendet nicht gern Zeit; sie setzt sich an ihren Stammplatz oben am Versammlungstisch, Teetasse, Brille, Stift in klarer Ordnung, akzentuiertes Oxford-Englisch.

So berühmt sein, so machtlos und – über lange Zeiten – auch einsam, das hat ihre Persönlichkeit geprägt. Sie verschließt sich vollkommen, gewährt keinerlei Einblick in ihr Inneres. „Ich spreche nie über Persönliches." Belastungen, Zweifel? „Ich habe meine Wahl getroffen." Knapp und kategorisch bleibt sie im ganzen Gespräch, rügt ungeduldig die Fragen, doziert. Wie könnte Burmas Weg zur Demokratie aussehen? „Das gehört nicht an die Öffentlichkeit, sondern an den Verhandlungstisch."

Aung San Suu Kyi hofft in diesem Augenblick noch auf die Fortsetzung eines Dialogs mit den Generälen, doch sie registriert mit unterdrücktem Zorn, wie sie hingehalten wird. Achtzehn Monate lang hatte sie unter strikter Geheimhaltung mit dem Regime verhandelt, 600 politische Häftlinge wurden entlassen, erste Anzeichen eines Tauwetters. Doch nun, es ist April 2003, wieder Stillstand. Also bleibt sie hart: kein Aufweichen der Sanktionen, keine humanitäre Hilfe, kein Tourismus!

Begegnung in einem raren Moment von Freiheit. Schon bald wird sie erneut festgenommen, vier Monate in so genannter „Schutzhaft" gehalten, dann wieder Hausarrest. Sie habe die Chance zur Kooperation nicht genutzt, sagen die Generäle. Burmas Tragödie trägt manchmal Züge einer verfahrenen Ehe: Jede Seite behauptet, sie mache mehr Zugeständnisse, beide Seiten reklamieren das Recht, enttäuscht zu sein. Aber wer Suu Kyi beobachtete in der kurzen Zeit der Freiheit, der weiß, warum die Generäle Angst haben vor dieser Frau.

Mandalay, Sommer 2002: Endlich darf sie reisen, endlich können die Menschen sie sehen! Nicht einmal ein Bild gab es von ihr in den Zeitungen, all die Jahre. Die Menge drängt und stößt, Mönche fuchteln mit Schirmen und Sandalen, hilfloser Versuch, eine Gasse zu bilden. Fäuste fliegen in die Luft und Schreie: „Aung San Suu Kyi!! Gesundheit und langes Leben! Aung San Suu Kyi-i-i-!!" Wie eine Statue wird die schmale Gestalt zentimeterweise vorwärts geschoben von zwei Leibwächtern, die Männer triefen von Schweiß. Suu Kyi lächelt, ein wenig starr, nur die Blässe ihres Gesichts verrät die Anstrengung.

Das ist kein Bad in der Menge, nichts, was sich mit Begriffen westlicher Politik, westlicher Popularität beschreiben ließe. Das hier ist Liebe. Eine ekstatische, verzweifelte Liebe, eine fast gewalttätige Liebe. Wo ihr weißer Toyota auftaucht, wird er eingekeilt, manchmal kommt sie eine dreiviertel Stunde nicht vom Fleck. Chaotische Szenen, ein Triumphzug.

Vor Mandalays Mahamuni-Pagode steht eine Wand von Menschen. Im Inneren des Tempels kaum ein Fußbreit Platz. Niemand sagt ein Wort; großes schweigendes Warten. Augen richten sich fragend auf die fremde Reporterin: Ob sie es weiß? Schließlich schiebt sich ein Burmese heran und flüstert fast unhörbar: „This is welcome for Aung San Suu Kyi. She is our national leader."

Plötzlich Rufe, als sei der Bann gebrochen. Langes Leben!! Sie schont sich nicht, nimmt nicht den kurzen Seitenweg in den Tempel, sie lässt sich bugsieren durch den voll gestopften, langen, halb dunklen Pilgerkorridor, durch die wogende Masse, „Aung San Suu Kyi-i-i!", Menschen werden an Pfeiler gequetscht, lebensgefährlich ist die Enge, der düstere Tempel dröhnt wie von religiöser Ekstase – und sie, sie wird bloß eine Kerze anzünden da vorne, vor dem verehrten Mahamuni-Buddha.

Nahaufnahme einer Ikone: Dreier Jahre bedurfte es nur, um eine der Welt unbekannte burmesische Politologin aus ihrem stillen Haus in Oxford auf den Olymp berühmter Freiheitskämpfer zu katapultieren. An einem Märzabend 1988 klingelt das Telefon in Oxford, ihre Mutter in Burma hat einen Schlaganfall, Suu Kyi packt sofort. Sie ahnt nicht, dass in diesem Moment ihr beschütztes, bürgerliches Leben unwiderruflich zu Ende ist, das Leben mit ihrem britischen Mann Michael Aris, mit den zwei Söhnen. 42 ist sie jetzt, sie wird das mit Büchern angefüllte Akademikerheim nie wiedersehen.

Die Zeit rast. Pflege der Mutter in Rangun, dort bricht der demokratische Aufstand aus, sie wird an die Spitze der Bewegung gespült. Im Mai 1990 gewinnt ihre Partei die Wahl; das Militär annulliert das Ergebnis. Die Generäle stellen Suu Kyi vor die Alternative: Als sogenannte Hochverräterin in Hausarrest – oder Exil. Sie bleibt: „Ich werde

Burma niemals verlassen." 1991 bekommt sie den Friedensnobelpreis. Der Zermürbungskrieg hat begonnen.

Der Vater. Ohne ihn ist das Phänomen Suu Kyi nicht zu verstehen. Aung San ist Burmas Nationalheld, er gründete die Armee, wird kurz vor der Unabhängigkeit ermordet – da ist die Tochter erst zwei Jahre alt. Sie wächst auf mit Erzählungen über den Berühmten, identifiziert sich von klein auf mit ihm, nimmt seinen Namen an, entgegen burmesischer Sitte. Sie liest alles über ihn, sammelt alles, lernt sogar Japanisch, um die Fußspuren des Vaters im Zweiten Weltkrieg zu erforschen. Ihr Mann notiert später: „Manche würden sagen, sie war besessen vom Bild des Vaters, den sie nie gekannt hat."

Intelligenz, Schönheit, Oberklasse-Erziehung – die junge Suu Kyi hat alles, was eine Frau sich nur wünschen kann. Als in Rangun 1962 die Generäle putschen, reitet sie gerade in Neu-Delhi mit den Söhnen Indira Gandhis. Die Mutter, Aung Sans Witwe, ist Burmas Botschafterin in Indien; luxuriöses Ambiente, natürlich geht die Tochter zum Studium nach Oxford. Danach arbeitet sie bei den Vereinten Nationen in New York, eine diplomatische Karriere stünde ihr offen – sie verzichtet zugunsten der Ehe. 16 Jahre lebt sie in England, kennt Burma nur von Besuchen. Mit der ihr eigenen Disziplin verbindet sie familiäre Pflichten und akademischen Ehrgeiz; ein erfolgreiches Frauenleben – aber zu klein für den großen Schatten des Vaters.

Burma, der Aufstand. Die Bewegung ist führerlos, die Demonstranten tragen das Bild des Vaters, Aung San mit Generalsmütze in vergilbtem Schwarz-Weiß. Binnen Wochen werden sie das Bild der Tochter tragen. Zufall und Zeitumstände wirbeln Suu Kyi hinein in ihr zweites Leben, die Mutter stirbt, riesig ist der Beerdigungszug, ein Fanal. Suu Kyi nimmt ihre neue Rolle an wie eine unabweisbare Erbschaft – und sie zieht mit intuitiver Entschlossenheit ihre einzige Waffe: „Ihr zerstört alles, wofür mein Vater gestanden hat", ruft sie den Generälen zu. Vor einer halben Million Menschen erklärt sie pathetisch: „Dies ist der zweite Kampf um Unabhängigkeit."

Ihren Anhängern fällt nun auf, wie sehr sie dem Vater gleiche: die klar geschnittenen Gesichtszüge, der eindringliche Blick, die beherrschende Präsenz. Es ist ein asiatisches Phänomen, dass den Töchtern mythisch verklärter Väter die Liebe der Massen zufliegt. „Es besteht kein Zweifel, dass ich als Führerin der Bewegung anerkannt wurde, weil ich meines Vaters Tochter war", sagt Suu Kyi.

Aber bald machen sie auch eigene Taten zur Legende. Als ihre jugendlichen Begleiter verhaftet werden, tritt sie in den Hungerstreik. Als die Militärs ihrem Tross mit schussbereitem Gewehr die Straße versperren, sagt sie: „Ich gehe allein weiter." Die Soldaten schießen nicht, Aung Sans Tochter ist unerschießbar.

Sie bringt Opfer. Den jüngeren Sohn Kim ließ sie als Elfjährigen zurück; beiden Söhnen entzieht das Regime die burmesische Staatsangehörigkeit. 1999 verweigern die Militärs ihrem Mann, dem Krebstod nahe, die Einreise: Seine Krankheit würde das burmesische Gesundheitswesen belasten. Sie beantwortet den Zynismus mit eiserner Härte: Sie besucht den Sterbenden nicht. Weil sie befürchtet, die Militärs würden sie nicht nach Burma zurückkehren lassen.

Seltsam: Je länger der Zermürbungskrieg dauert, desto mehr erstarrt das Bild dieser Frau zur Ikone. Will sie es so? Ihre Beschreibung der Jahre im Hausarrest zeigt klösterliche Strenge: Strikte tägliche Routine, „um sinnlose Zeitverschwendung zu vermeiden". Aufstehen um halb fünf, eine Stunde Meditation, 20 Rundgänge ums Haus, mit kleinen Steinchen abgezählt. Lesen, Schreiben, Klavierspielen. Die zweistöckige Villa am Inya-See ist das mütterliche Haus. Ein grünes Prominentenviertel; Suu Kyi, die als Baby von Generälen auf den Armen geschaukelt wurde, bleibt auch im Arrest eine Angehörige dieser Oberschicht – verleumdet, jedoch nie völlig isoliert. Ein Arzt, auch Parteifreunde haben Zutritt, gelegentlich Diplomaten. Die Frau mit der Blume im Haar und die Militärs, das ist nur von fern betrachtet ein absoluter Gegensatz. Sie fühle „keine persönliche Feindschaft", sagt Suu Kyi, die Generalstochter, sie empfinde sogar „ein Gefühl der Wärme" für die burmesische Armee.

Aber was kann ihr stoisches Ausharren bewirken? Die Massenbewegung, deren Anführerin sie war, ist zerfallen, die Partei, einst zwei Millionen Mitglieder stark, durch Verfolgung zerrüttet. Suu Kyi ist zur Statthalterin geworden, ein Symbol für Demokratie, ein funkelnder Solitär. Die meisten Burmesen hängen an ihr mit einer gläubigen, passiven Hoffnung – als sei sie eine gute Königin, gefangen im heimischen Exil.

Trotz aller Auslandsjahre erscheint sie so typisch burmesisch: die Grazie, die leichte Neigung des Körpers vor Älteren, vor Mönchen; der eng geschnürte Wickelrock und stets das züchtige Oberteil. Aber Suu Kyi kämpft auf eher westliche Art: kompromisslos und – für asiatische Verhältnisse – konfrontativ. Um gegen das Reiseverbot zu demonstrieren, campierte sie einmal neun Tage und Nächte in ihrem Toyota am Straßenrand; die Soldaten hatten die Luft aus den Reifen gelassen.

Solche Aktionen garantieren ihr die Sympathie der westlichen Medien. Im eigenen Land haben westlicher Ruhm und westliche Auszeichnungen jedoch nichts bewegt. Genauso wenig wie wirtschaftliche Sanktionen: China und Singapur sprangen ein. Erst als die südostasiatischen Nachbarn Burma – erstmals! – kritisierten, wurde Suu Kyi im Sommer 2003 aus der so genannten Schutzhaft entlassen.

So ist sie gewissermaßen zur Geisel ihrer Berühmtheit geworden. Eine Ikone kann nicht vom Podest heruntersteigen und sich mit Kompromissen beflecken. Personenkult rankt sich um die Heldin; in der „Liga für Demokratie" bestimmt nur sie, niemand wagt, ihr zu widersprechen. Im Versammlungsraum in Rangun steht Aung San Suu Kyi als vergoldete Büste, wie eine verstorbene Ahnherrin blickt sie auf die Tischrunde. □

Im Sommer 2002 ist Suu Kyi für kurze Zeit frei, darf öffentlich auftreten. Die Menschen, hier in Rangun, empfangen sie ekstatisch

MERIAN | INFO General Aung San

Überlebensgroß: der Vater

Ein junges, fein geschnittenes Gesicht mit einem leisen Anflug von Überheblichkeit – Bogyoke (General) Aung San ist in Burma allgegenwärtig. Sein Bild hängt in Geschäften und Werkstätten; Straßen und Armeebataillone tragen seinen Namen, auch der große Markt im Zentrum Ranguns. Im „Land der Generäle" wird nur dieser General geliebt – der schöne junge Tote gehört allen, der Junta wie der Opposition.

Aung San wird 1915 in einer Kleinstadt Zentralburmas geboren. Ein Großonkel hatte die Familie bereits berühmt gemacht: Als einer der frühesten Kämpfer gegen die britischen Kolonialherren war er enthauptet worden. Die neue Universität von Rangun, wo Aung San in den dreißiger Jahren englische Literatur, Politik und Geschichte studiert, ist ein Zentrum nationalistischen Aufbegehrens. Der scharfzüngige Aung San wird rasch ein populärer Studentenführer, schließt sich bald darauf der „All Burma Party" an: Deren Mitglieder nennen sich provokant *thaksin,* „Herren", bisher die höfliche Anrede für die Kolonialherren.

Aung San ist erst 24; nun folgen acht atemraubende Jahre: politische Winkelzüge, rasanter Aufstieg, früher Tod. Er sympathisiert mit den Kommunisten, sucht erst in China Unterstützung für den Freiheitskampf, dann in Japan. Dort erhalten 30 Getreue ein militärisches Training. Unter diesen ersten bewaffneten Patrioten, die als „die 30 Kameraden" zur Legende werden, ist auch der spätere Diktator Ne Win, der Burma drei Jahrzehnte lang (1958-88) beherrschen wird.

Inzwischen tobt der Zweite Weltkrieg. Die Japanern können die Engländer zeitweise vertreiben, sie nennen Burma „unabhängig", ihr Schützling Aung San darf eine nationale Armee gründen. Kaum zeichnet sich die Kriegsniederlage der Japaner ab, läuft Aung San behende zu den Briten über, führt nun den Dschungelkampf gegen die Japaner. Als die Briten wieder die Kontrolle über Burma haben, wollen manche Aung San am Galgen sehen. Doch am Ende gilt er als politisch unverzichtbar: Nur Aung San könne das zersplitterte Burma einigen und führen.

Im Januar 1947 handelt Aung San mit den Briten die Unabhängigkeit aus. Kurz darauf trifft er sich mit den Anführern der ethnischen Minderheiten und unterzeichnet ein Abkommen, das bis heute unerfüllt ist: Die Minoritäten sollen über ihre Zukunft in der burmesischen Union selbst entscheiden. Aung San will keine Alleinherrschaft seiner Ethnie, der Burmanen. Wie die meisten postkolonialen Führer hat er sozialistische Ideale, doch soll das System demokratisch sein und die Regierung zivil.

Ein Familienbild von 1945. Ganz vorn die kleine Suu Kyi

Aung San, der Vater der burmesischen Unabhängigkeit

19. Juli 1947: Junge Uniformierte stürmen eine Beratung des provisorischen Kabinetts, erschießen Aung San und sechs Gefährten. Er ist erst 32. Der 19. Juli wird Burmas „Märtyrertag". Die Hintergründe des Attentats sind bis heute nicht ganz geklärt; ein politischer Rivale wird verantwortlich gemacht. Ein halbes Jahr später ist Burma unabhängig. Wie Aung San versprochen hatte, stellt eine Minderheit den ersten Präsidenten, das Volk der Shan.

Als Mensch war Aung San schillernd. Er war launisch, konnte unterkühlt und unzugänglich wirken. Er starb zu früh, um seine Pläne in der Wirklichkeit gelingen oder scheitern zu sehen; zu früh, um sich mit Kompromissen zu beflecken. Hätte er das Land wirklich einigen können? Alle nach ihm waren jedenfalls zu schwach. So bleibt er der ewig junge Held, das Symbol eines besseren Burma. Seine Frau Khin Kyi hatte er im Krankenhaus kennen gelernt, er war Patient, sie Schwester. Von seinen drei Kindern war das Kleinste erst zwei Jahre alt, als er starb: Suu Kyi.

Burmas Nonnen meditieren und fasten wie die Mönche, und doch sind ihre Entbehrungen weniger wert. Denn Frauen, so der Volksglaube, können nicht zur Erleuchtung gelangen. Das Ziel ihrer Klosterjahre ist deshalb:

Selig, wer

eine Wiedergeburt als Mann. ✣ ***Text: Charlotte Wiedemann, Fotos: Antonina Gern***

Standbild Buddhas auf dem Sagaing Hill. „Er lehrte nicht, dass Frauen einen niederen Status haben", sagt die Nonne Ma Singasiri. Ihre Eltern aber sind überzeugt, ein Sohn in der Robe würde mehr gutes Karma erwerben

Mann wird

Im Innenhof des Studienklosters Zhaya Theingi in Sagaing. Das scheinbar idyllische Leben ist streng reglemetiert, Zeit zum Spiel selbst für die Jüngsten nicht vorgesehen

Hingabe

Viele Stunden am Tag meditieren die Nonnen. Selbst das Netz, das sie vor den Moskitos schützt, hat ihre Farbe: rosa. Parani ging erst mit 45 ins Kloster. Zuvor war sie Ehefrau und Mutter und besaß eine Weberei. An diese Frau erinnert nur noch ein Bild: Ein letztes Mal hatte sie sich schön gemacht – dann kam die Rasur

In langer Reihe gehen die Nonnen Almosen sammeln. Anders als den Mönchen wird ihnen nichts Gekochtes, sondern nur roher Reis gespendet

Disziplin

Im Studienkloster büffeln „die Reinen" unter Zertifikaten ihrer Vorgängerinnen. Was sie auswendig lernen, entspricht der dreifachen Textmenge der Bibel

Mit Pagoden gespickte Hügel am Ufer des Irrawaddy – so zeigt sich Sagaing, Burmas religiöses Zentrum. In 434 Klöstern leben hier 8000 Nonnen. Ihre rosa Roben sind ein fröhlicher Akzent im Stadtbild, doch ihren Weg begleitet das Dogma, minderwertig zu sein. Trotzdem wirken die Nonnen glücklich

Heiterkeit

„Willst du sehen, wie ich aussah?" Parani huscht wie ein rosa Schatten die

Treppe des dunklen Holzhäuschens hinauf, huscht wieder herunter: das Foto. Acht

Jahre ist es alt; sie war 45 damals. Mach dich schön, hatte die Obernonne gesagt, mach dich schön zum letzten Mal! Also wusch sie ihr langes Haar, steckte es hoch, zog die transparente rosa Bluse an zum engen Rock. Die Perlenkette noch, den lila Schal, Lippenstift. Dann kam der Fotograf. Und dann die Rasur.

Sie weinte nicht, als sie ihr Haar fallen sah. Sie nahm das Tuch mit den Haarbüscheln, ging zum Fluss, und anstatt nur die Haare ins Wasser zu schütteln, wie es die Sitte vorsieht, warf sie das ganze Tuch hinein, mit Schwung, fort mit dem alten Leben!

Leben ist Leiden, sagt Buddha. Parani ahnte, was er meinte. Erst die Scheidung, dann der Unfalltod eines Sohnes, zuletzt ging es auch noch mit ihrer kleinen Weberei bergab. So viel Unglück ist kein Zufall; es ist schlechtes Karma: die Folge schlechter Taten im früheren Leben. Sie flüchtete, wollte sich befreien vom Kummer, sich heilen. Sie flüchtete aus dem weltlichen Wirbel von Sorgen und Hoffnung, Ehrgeiz und Enttäuschung, in eine behütete Bedürfnislosigkeit.

Parani blickt auf das Foto der kokett herausgeputzten Frau, als sähe sie eine entfernte Verwandte. Hastig räumt sie das Bild weg. Vorbei, Vergangenheit. An nichts mehr kleben. Das erste Jahr war hart. Die Welt war plötzlich auf diese Klause geschrumpft: Schlafmatte, Altar, eine kleine, rauchgeschwärzte Küche. 80 Nonnen zählt ihr Kloster, doch Parani sieht sie kaum. Das stille Haus aus dunklem Teak teilt sie nur mit einer Mitbewohnerin; hier kocht sie, betet sie, meditiert sie, tagein, tagaus, jahrein, jahraus.

Früher gingen nur Dorfmädchen ins Kloster. Nun kommen zunehmend auch Frauen wie Parani, städtisch, gebildet, bedrängt von den Konflikten und Anforderungen eines aktiven Frauenlebens.

Sagaing, eine Stunde von Mandalay, ist Burmas religiöses Zentrum. Drei Dutzend Hügel, gespickt mit weißen Stupas und goldenen Pagoden, 8000 Nonnen in 434 Klöstern (und etwa ebenso viele Mönche). Villen aus kolonialer Zeit zwischen verwunschenen Gärten, schmale Gassen, bemooste Mauern – ein Hauch von Italien, eine buddhistische Idylle. Und dann dieses Rosa! Als hätte ein Maler die Nonnen in die Landschaft getupft, weiblich-süßlich, wie fröhliche Bonbons neben dem ernsten Rostton der Mönche.

Rosa ist weniger wert als Rost – der jüngste Mönch genießt mehr Respekt als eine betagte Nonne. Denn nach burmesischem Volksglauben können Frauen die höchste Erleuchtung nicht erlangen; allein schon durch ihre Gebärfähigkeit seien sie zu sehr im Weltlichen verhaftet. Die allermeisten Nonnen akzeptieren ihre religiöse Minderwertigkeit als unumstößliche Tatsache. „Ein Mann ist edler", sagt Parani. Sie sagt es sanft, und ihre Hände, die beim Reden gewöhnlich wie zwei anmutige Vögel durch die Luft fliegen, falten sich in einer kindlichen Geste an ihrer Wange. Im nächsten Leben als Mann wiedergeboren werden – das ist das Ziel ihrer Jahre im Kloster. Dafür betet sie jeden Tag.

In der Frühzeit des Buddhismus waren Nonnen weitaus angesehener, doch ihre Orden gingen unter, wurden Opfer männlicher Textauslegung und königlichen Desinteresses. Dass es in Burma überhaupt Nonnen gibt, und so viele, ist ein Sonderfall in Südostasiens konservativem Theravada-Buddhismus. Als die alten Orden abgeschafft waren, wollten die Burmesinnen, traditionell resolut, immer noch Nonnen werden – so nah können Selbstbehauptung und Selbstverleugnung beieinander liegen.

Um viertel vor vier in der Früh tappt Parani schon im Haus herum, ein Frotteetuch um den Kopf, dann setzt sie sich vor ihren Altar, im matten Licht einer Neonröhre, und versinkt in ihr Morgengebet. Eine Stunde später qualmt in der Küche das Feuer. Der erste frische Reis des Tages wird Buddha geopfert, dann stellt sie eine Schüssel duftender Bohnen für die Mönche beiseite; sie kommen im Morgengrauen mit ihren Almosenschalen durch die Gasse. Erst dann isst Parani selbst; eine Dienerin, die ihre Pflicht erfüllt hat. Die Verbesserung ihres Karmas geht durch den Magen der Mönche.

Die meisten Nonnen finden Seelenfrieden in dieser bescheidenen, frommen Häuslichkeit. Sie kochen fantastisch; die Mönche schichten die köstlichen Curries in Tupperdosen in ihre Almosenschalen, ein wenig regelwidrig, sie sollen ja nicht genießen. Wir Besucherinnen werden in jedem Kloster zum Essen genötigt, die Nonnen schauen uns dabei mit mütterlicher Begeisterung zu; sie selbst fasten ab zwölf Uhr mittags.

Sammeln die Nonnen Almosen, fällt nur roher Reis in ihren Korb. Der geringere Respekt hat viele Gesichter. In Burmas überfüllten Bussen bekommen Nonnen nicht wie Mönche einen besseren Platz. Und selbst wenn beide in so genannten Studienklöstern annähernd die gleiche Ausbildung absolvieren – Nonnen dürfen danach nur Nonnen unterrrichten, keine Laien und erst recht keine Mönche.

Im Studienkloster leben „die Reinen", das heißt: Sie sind jungfräulich,

Dass auch Nonnen sich auf den Weg zu Buddha machen, hat in Burma lange Tradition

MERIAN INFO Buddhismus

Fast 90 Prozent der Burmesen sind Buddhisten. Wie in Kambodscha, Laos, Thailand und Sri Lanka folgt man in Burma dem Theravada-Zweig des Buddhismus. Theravada ist eine der ältesten buddhistischen Schulen und gründet auf Schriften aus dem 3.Jh. v. Chr., etwa zweihundert Jahre nach dem Tod des Erleuchteten. Von ihm selbst oder einem direkten Schüler ist nichts überliefert. Im Mittelpunkt der Lehre steht die Annahme, irdisches Leben sei an einen Kreislauf aus Begierde und Leid gebunden, wobei das eine jeweils das andere hervorbringe. Erlösung aus diesem Zirkel erlangt man über die Erkenntnis der Nichtigkeit aller Verlockungen, gefolgt von vollständiger Entsagung und schließlich dem Eingang ins Nirwana, einem gelösten Zustand „weder von Sein noch von Nicht-Sein." Nach der Doktrin der konservativen Theravada-Schule können nur Mönche ins Nirwana eintreten. Die ebenso gott- wie höllenlose Philosophie schließt den Verzicht auf Wohlstand, gute Nahrung, ja selbst elterliche Liebe, Fortpflanzung oder Schlaf ein – all dies sei nichts als Trugbild, hinderlich auf dem Weg zur letzten Erkenntnis. Um diesen schweren Weg zu erleichtern, wurden im Laufe der Jahrhunderte vielfältige Hilfsmittel geschaffen. Neben Meditation oder der Errichtung von Pagoden und Buddhastatuen zählt dazu ein umfangreiches Regelwerk rund um den „Edlen Achtfachen Pfad": Rechtes Denken, rechtes Verstehen, rechte Rede, rechte Handlung, rechte Lebensweise, rechte Übung, rechte Sorgfalt, rechte Konzentration. Im täglichen Leben gelten fünf moralische Regeln, die Töten, Stehlen, Ehebruch, Lügen sowie Drogengebrauch verbieten. Die sichtbare Praxis des Buddhismus in Burma dreht sich jedoch meist um das Bemühen, „Verdienst" zu erwerben für ein nächstes Leben, das dem nicht Erlösten garantiert blüht. Verdienst zu erwerben ist einfach: jede Gabe an einen Mönch oder eine Pagode zählt.

unverheiratet, kommen oft schon als Kind. Sie verschreiben Buddhas Lehre ihr ganzes Leben. Ein spezielles Gelübde bindet sie indes nicht: Alle Nonnen und Mönche dürfen die Robe jederzeit ablegen.

Abend im Studienkloster „Zaya Theingi": Im großen Saal schimmern die Glatzen matt im Kerzenlicht. Stromausfall – 70 Nonnen singen unbeirrt. Chanting: ein vibrierender Sprechgesang in Pali, der liturgischen Sprache des Buddhismus. Die jüngsten Nonnen, kaum acht Jahre alt, krähen die langen vokalreichen Wortketten besonders laut – es sind für sie nur auswendig gelernte Töne, übersetzen lernen sie erst später.

Wie auf ein geheimes Zeichen hin hatte der laute Sprechgesang um viertel nach sechs plötzlich eingesetzt, nach einer halben Stunde bricht er ebenso abrupt ab. Ein Mädchen schlägt den Gong, der Ton schwingt nach, heulend fällt ein Hund ein. Dann Stille. 70 Nonnen in Meditation, beidhändig und lautlos schieben sie die Perlen der Gebetskette. Eidechsen schnalzen im dunklen Saal, sonst kein Mucks. Abrupt wieder Gesang, er endet mit dem Ruf „amjah! amjah! amjah!": Damit senden die Nonnen die positive Wirkung ihres Gesangs in alle Winkel des Universums. Chanting hilft Übel aller Art überwinden, Krankheit ebenso wie globalen Unfrieden.

Die drei ranghöchsten Nonnen erheben sich zuerst, die anderen verneigen sich vor ihnen bis zum Boden. Dann steht Reihe nach Reihe auf, anmutig, diszipliniert; die Nonnen wirken vom langen Chanting wie erfrischt. Wenig später lagern die Jüngeren schon wieder auf den polierten Holzbohlen des Saals, halb sitzend, halb liegend hängen sie lauthals memorierend über ihren Büchern; es klingt wie ein Wettstreit in Lautstärke und Ausdauer. An der Wand hängen die Zertifikate ihrer Vorgängerinnen, 27 neue Klöster haben sie seit 1950 gegründet. Bis kurz vor zehn hält der dissonante Chor an.

Nur fünf Stunden Schlaf auf harter Matte, schon bricht ein neuer Klostertag an, in stockfinsterer Nacht um halb vier. Wie halten die Nonnen das nur durch? Die Kleinsten stehlen sich heimlich noch ein bisschen Schlaf, in dämmrigen Ecken zusammengerollt. Doch bald schon wieder lautes Memorieren aus allen Winkeln. Kein Wort darf falsch sein beim Rezitieren der Pali-Verse, bis um sechs in der Früh muss alles sitzen: Dann prüft die Lehrerin das am Tag zuvor Gelernte. Anschließend folgt neuer Stoff – und erst danach endlich Essen.

Die Nonnen müssen ein Textvolumen auswendig lernen, das dem dreifachen der Bibel entspricht. Dazu 720 Regeln der Pali-Grammatik aus einem 1000 Jahre alten Wälzer. Jährlich nimmt das Religionsministerium Examen ab, Sitzenbleiben ist keineswegs selten. Wer begabt und fleißig ist, schafft die Ausbildung in sechs, sieben Jahren. Selbst für die Jüngsten ist keine Zeit zum Spiel vorgesehen; wer die Robe trägt, darf nicht mehr herumtoben. Büffeln und Repetieren – kaum Auseinandersetzung mit religiösen Fragen; intellektueller Ehrgeiz wird von Nonnen nicht erwartet. Für die meisten endet an den Grenzen Burmas die ihnen bekannte Welt.

Das Dogma, sie seien minderwertig, begleitet auch „die Reinen". Ihr Chanting bewirkt weniger als das der Mönche. Und ein Sohn in Rostrot erwirbt für seine Eltern mehr gutes Karma als eine Tochter in Rosa. Und doch wirken die Nonnen von Sagaing glücklich. Das ist ihr Geheimnis; wir können es nicht entschlüsseln. Wir trafen nur eine einzige Nonne, die nicht betet, als Mann wiedergeboren zu werden – und ausgerechnet sie war nicht glücklich.

„Frauen haben einen niederen Status in meinem Land, aber das ist nicht Buddhas Lehre", sagt Ma Singasiri. Die 30-Jährige ist so mager, als revoltiere ihr Körper gegen das Leben in der Robe. „Ich wurde Nonne, weil meine Eltern keinen Sohn hatten", sagt sie rau. Zunächst fügte sie sich, später wuchs ihr Ehrgeiz, mehr Ehrgeiz, als einer Nonne zusteht. Sie studierte Literatur, spricht Englisch, lernt Deutsch, macht einen Computerkurs, möchte ins Ausland. Ihre Augen blicken selbstsicher und ein wenig skeptisch, kein Nonnenblick. Einmal im Jahr trifft sie die Eltern, ringt jedes Mal mit ihnen, sie aus der Pflicht zu entlassen. Vergebens.

Die Stars der Frauenwelt von Sagaing sind die urigen Alten. Sie sind 85 oder 93, tragen riesige Hornbrillen und kichern hinter züchtig vorgehaltener Hand wie junge Mädchen. Auf ihren Schädeln ist nicht mehr viel zu rasieren, und die Ohren stehen ab, als ließe sich so die Schwerhörigkeit mildern. In ihren dunklen Stuben ist die Zeit stehen geblieben, jede Kammer ein Museum, koloniales Burma auf bräunlichen Fotografien. Manch eine wohnt in ihrer Kammer seit 70 Jahren, betend, psalmierend, und die beste Freundin streichelt ihr seit 50 Jahren zärtlich über die Robe.

Mit Raffinesse haben die alten Nonnen ihre Klöster durch die Jahrzehnte gesteuert, haben Gönner gewonnen, denn die Klöster leben von privaten Sponsoren. Nun greisen sie in Ehren dahin, schlafen unter rosa Moskitonetzen und husten in rosa karierte, handgewebte Schnupftücher.

Die Meditationslehrerin Saranawati, 87, liest aus ihren vergilbten Notizbüchern vor. Mit faltigem Finger fährt sie die Zeilen entlang. Die Kladden sind aufgequollen vom Leim der vielen Bildchen, die sie hinein geklebt hat, Bildchen von Filmstars, Werbung für Snacks und für Mangomarmelade. Saranawati war Telefonistin für die Engländer im Zweiten Weltkrieg, ging erst mit 43 Jahren ins Kloster, sie ist also keine „Reine". Und doch lässt sich nichts Reineres, Heitereres denken als diese winzige Greisin. Einen einsamen Zahn zeigt sie beim Lächeln, dieses Lächeln wohnt unvertreibbar in ihrem Gesicht, und wenn sie aus ihren Anleitungen zur Meditation vorliest, strahlt solche Freude von innen, als leuchte hinter der bröckligen Rindenpaste eine Lampe.

Atme ein, atme aus, sie nimmt uns in den Rhythmus ihres Atems, in den Rhythmus ewigen Wechsels, du bist wie fließendes Wasser, wie brennendes Feuer, du gehörst dir nicht, atme ein, atme aus, ihre Erinnerung verschwimmt, sie nimmt uns in den Rhythmus des Alters, in den Kreislauf der Wiederholungen ... Irgendwann wird sie mit diesem Lächeln sterben. Das muss sie sein, die buddhistische Persönlichkeit. Gütig, heiter. Mit Rindenpaste auf den Wangen und einem einzigen Zahn. □

Antonina Gern, *freie Fotografin in Hamburg, war von den Nonnen so beeindruckt, dass sie sie bald wieder besuchen möchte.*

Text: Barbara Baumgartner, Fotos: Philippe Gontier

Die meisten Burmesen glauben an Geister. Manche schließen gar einen engen Bund mit den Nats. Bei Geisterfesten sind diese Natkadaws die schillernden Stars

Der wilde Prinz ist da, vom Duft des Brathuhns angelockt, dem irren Rhythmus der Trommeln, knisternden Geldscheinen, Zigarettenrauch, vom Whisky. Konnte dem Schnaps schon zu Lebzeiten nicht widerstehen, starb schließlich am Suff. Ein Raufbold, ein Spieler und Verschwender, Prinz U Min Kyaw. Herausfordernd schaut er aus seines Bruders Augen, lässt die Lippen sich zu einem hochmütigen, selbstbeherrschten Lächeln kräuseln: „Vergiss U Min Kyaw nicht!“ Das Gesicht kommt ganz nah. Weiß gepudert, Rouge auf den Wangen, die Brauen ein

Geister

Moment der Magie: Zum Vollmond im August wird in Taungbyone ein großes Nat-Fest gefeiert, mit Zeremonien bis in den Morgen

Das Medium tanzt: U Swan, in ganz Burma berühmte Natkadaw, verkörpert Prinz U Min Kyaw, den Opiumraucher und Spieler

stunde

Trance und Theater

Besessen: Fährt ein Nat in eine Zuschauerin, wird dies als Zeichen seiner Liebe gedeutet

Nahrung für den Geist: Jeder Nat bekommt

fein gezogener Bogen. Aus den üppigen Rüschen des Seidenhemds steigen Parfümwolken auf. „Wie es ist, wenn der Geist kommt, wolltest du wissen? Nun – jetzt ist er da. Jetzt bin ich U Min Kyaw.“ Ein triumphierender Blick unter halb geschlossenen Lidern. Die Geldscheine, die am tüllenen Kopfputz stecken, zittern.

Noch ein Schluck aus dem Whiskyglas – dann tanzt U Swan wieder. Tanzt für den toten Prinzen, dem er sich als Bruder anverband, tanzt für den gesamten Geisterhimmel. Leichtfüßig, springend, eine feenhafte Gestalt in gebauschten, glänzenden Stoffen, ein schillerndes Wesen zwischen Mann und Frau: die berühmteste *natkadaw* Burmas.

Kadaw heißt auf burmesisch „Gattin“, und *nats* sind die Geister: an sie glaubten die Menschen in Burma, lange bevor der Buddhismus eingeführt wurde, und die neue, rationale Philosophie konnte den Zauber des Übernatürlichen nie vollständig verdrängen. Die Natkadaw steht im

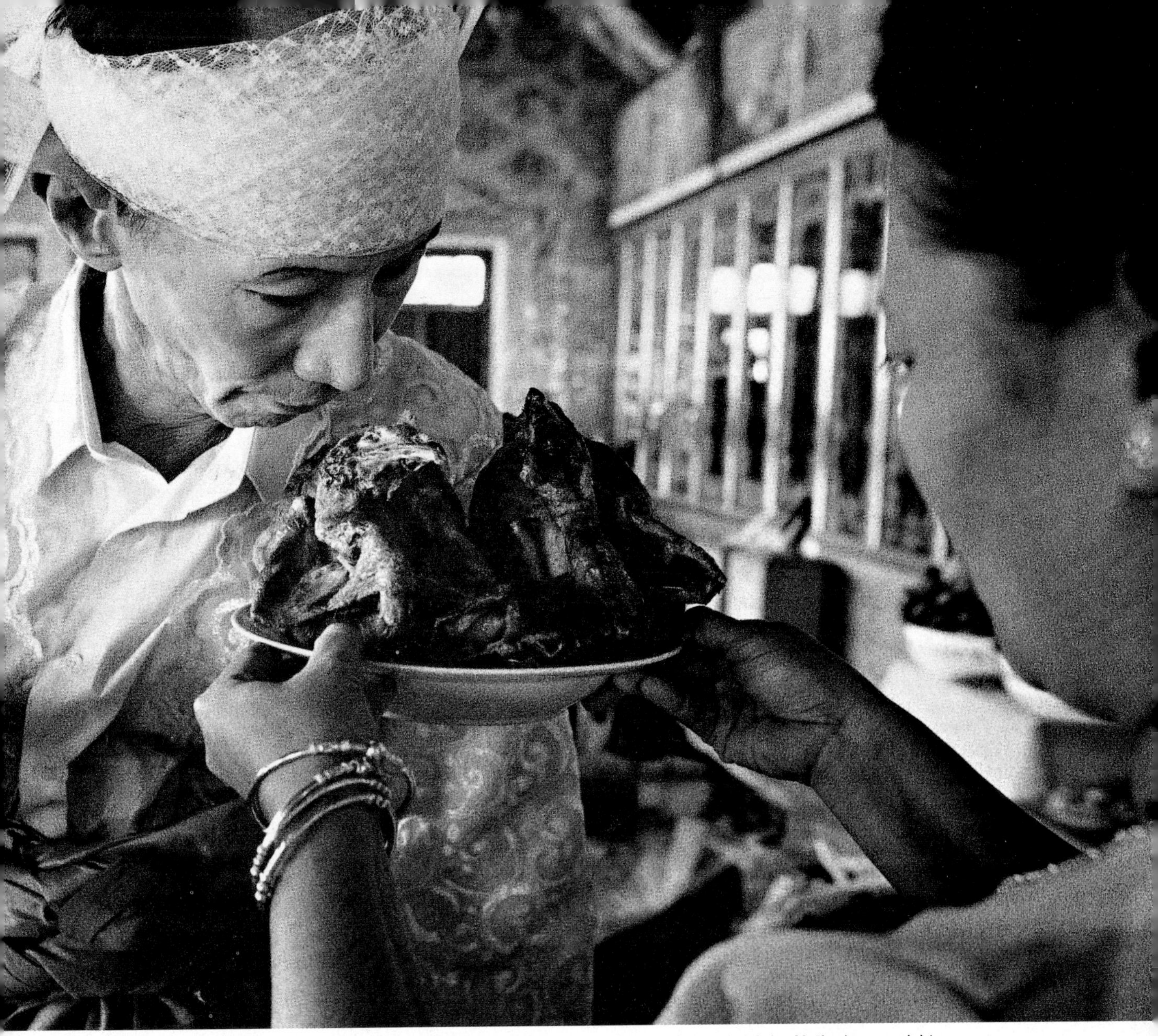

n Zeremonien seine Lieblingsspeise. Brathuhn und Bier für Prinz U Min Kyaw werden stellvertretend der Natkadaw gereicht

Zentrum des Kults; die „Geistergattin", die auch Ehemann oder Kind, Bruder oder Schwester des Nat sein kann, mit dem sie sich in feierlicher Zeremonie verbindet. Von diesem Moment an ist sie Medium, vermittelt zwischen den Welten. Was genau von den Nats zu erwarten ist: wohlwollendes Eingreifen oder bestenfalls Neutralität, darüber gehen die Meinungen auseinander. Wer sicher gehen will, schenkt ihnen genügend Aufmerksamkeit. In vielen Häusern gibt es einen kleinen Schrein, an dem Opfer dargebracht werden. Wollen Burmesen die Nats besonders günstig stimmen, richten sie eine *natpwe* für sie aus, ein Geisterfest.

Musik muss es geben, ohrenbetäubendes Getöse, so schnell, dass die Trommler schwitzen, scheppernde Gongs, eine Oboe; Gesänge, die von Leben und Tod der Nats erzählen. Es waren keine für Burmas Geschichte bedeutsamen Leben, sie inspirierten aber die Volksfantasie. Und keines fand ein natürliches Ende: Ein schöner, starker Schmied wurde von seinem missgünstigen König verbrannt, die Schwester stürzte sich zu ihm in die Flammen. Zwei tapfere Generäle verbluteten, als man sie kastrierte. Ein Prinz fiel von der Schaukel, ein anderer dem Rauschgift anheim. Schlangenbisse, tödliches Erschrecken, gebrochene Herzen, die Ruhr: Ein mächtiger Monarch verschied erbärmlich auf dem Klo, wobei gemeiner Zwiebelgeruch seine Qual noch verstärkte. Natürlich werden für ihn bei der Natpwe keine mit Zwiebel zubereiteten Speisen aufgetragen. Der schöne Schmied dagegen, der an einen Frangipani-Baum gebunden und angezündet wurde, hasst diese Blüten. Das alles weiß die Natkadaw, sie kennt Formeln und Tänze, in ihren Händen liegt der Erfolg der Natpwe.

Ein Geisterfest ist aber immer auch ein Fest für die Menschen. Dutzende Augenpaare folgen an diesem Abend U Swans Bewegungen mit fiebrigen Blicken. Die Zuschauer im Natschrein sitzen auf dem Boden, in der Mehrheit sind es Frauen jeden Alters, ganz vorn ein Knäuel Kinder. Der Raum ist zu einer Seite hin offen, und die Musik tönt durch das ganze Dorf. Es sind nur ein paar Häuser entlang einer staubigen Straße, eng an einen bewaldeten Berghang geschmiegt. Dieser Berg hat eine ungewöhnliche Form – ein fast perfekter Zylinder, der aus einer weiten Ebene aufragt. Es ist der burmesische Olymp, die Heimat der Geister, ein Nebenkrater des abgestorbenen Vulkans Mount Popa. Mehrere große Natschreine stehen hier. Tagsüber sind sie umlagert von Horden unverschämter Affen mit rosarot leuchtenden Hinterteilen, die auf einen Moment der Unachtsamkeit bei den Pilgern lauern, um ihnen unter wildem Geschrei alles Essbare zu entreißen. Jetzt aber ist es Nacht, eine klare Vollmondnacht im Dezember. Und wie jedes Jahr zu diesem Termin sind am Mount Popa die Geister zu einem großen Fest geladen, und U Swan gebührt die Ehre, sie am ersten Abend zusammenzurufen.

Feiertägliche Spannung liegt in der Luft, dazu etwas Übermütiges, Leichtes. Außer Kraft sind die strengen Gesetze, die normalerweise den Benimm der Burmesen regeln, ausgesetzt die Selbstbeherrschung und Ausgeglichenheit, die der Buddhismus fordert. Die Natpwe ist ein vitales Gegengewicht zu alltäglichen Zwängen. Junge Mädchen in braven Strickjacken ziehen tief an den Zigaretten, die U Swan ihnen reicht, öffnen bereitwillig die Münder, damit er ihnen Whisky einflößt. Mütterchen wiegen sich sinnlich in den Hüften. Eine verwegen aussehende Greisin – sie trägt ein schmutziges Handtuch als Turban, und in ihrem Kiefer steckt nur noch ein einsamer Zahn – klatscht unermüdlich den Rhythmus mit. In großem Schwung wirft U Swan Leckereien ins Publikum – Bonbons, Eier, Kekse, Früchte –, symbolische Speise für die Geister, um die sich die Kinder wild balgen, auch einige Frauen.

Dann plötzlich steigern die Trommler ihr Tempo noch – und alle halten den Atem an. U Swans Tanz mündet in eine Pirouette. Er hat die Arme ausgebreitet, in einer Hand einen silbernen Hahn, in der anderen eine mit Geld gefüllte Schale. Er dreht sich schneller und schneller, reckt die Arme; hält die Schale in der flachen Hand, kein Schein darf herausfallen. Immer höher die Arme, er wirbelt um die eigene Achse, dreimal, viermal, fünfmal, ein merkwürdiges Leuchten auf seinem Gesicht, sechsmal, die Arme wie Windmühlenflügel, siebenmal, kein Schein fällt heraus, ein furioser Höhepunkt: der Tanz des wilden Prinzen, der sich beim Hahnenkampf ruinierte.

Wenn der wilde Prinz erscheint, was ist das für ein Gefühl, U Swan? „Plötzlich wird mir heiß – und dann ist für Minuten mein Bewusstsein verloren.“ U Swans sehnige, lange Altmännerhand ahmt einen wegflatternden Schmetterling nach. Das ist keine zufällige Geste: Im Nat-Kult wird die Seele mit dem Bild eines Schmetterlings beschrieben; träumt man, ist der Schmetterling ausgeflogen, ebenso im Zustand der Geisterbesessenheit, wobei sich dann an seine Stelle die Seele des Nat setzt.

Es ist der Morgen nach U Swans Auftritt. Ungeschminkt, in braunrotem Pullover und Longyi, sitzt er auf einer Bastmatte in einem großen, leeren Klostersaal, sein Domizil während der dreitägigen Natpwe. Die Beine hat er auf akrobatische Weise unter sich verknotet. Ein fein geschwungener Mund und Mandelaugen: Seine Mutter kam aus Borneo, der Vater aus Peking. Wie am Abend vorher raucht er ununterbrochen – doch das ist die einzige Gemeinsamkeit. Keine Spur mehr von stolzem, kapriziösen Gehabe, nichts an dieser gebeugten Gestalt ist zwiespältig oder unheimlich. Die durchdringende, vibrierende Stimme – ver-

Schön zwiespältig: Viele Natkadaws sind Homosexuelle, die sich perfekt zur Frau wandeln. Anhänger drängen mit Gaben um den Nat-Schrein

Diven und Fans

schwunden. Er spricht liebenswürdig und leise. „Wie ich Natkadaw wurde? U Min Kyaw hat mich ausgewählt. Immer wieder kam er in meinen Träumen. Damals war ich 28 und Schuldirektor.“ Jetzt ist er 71. Sein Tanz verrät es nicht. „Nein, ich bin nicht müde.“ Er lächelt leicht, ein zerbrechlicher alter Herr mit dem Kopf eines Vogels und bemerkenswert biegsamen Beinen.

Man sagt, wenn eine Natkadaw jung stirbt, dann hat ihr Geist sie nicht wirklich geliebt. Und wenn ein Nat sein Herz an einen Menschen hängt, doch dieser die Liaison verweigert? „Manchmal verfolgt der Geist ihn; man lebt ruhiger, wenn man nachgibt. Ich bin mit den Nats immer glücklich gewesen.“ Er lebt in einer Villa in Windamere, einer der feinsten Gegenden Ranguns. Ein reicher Gönner schenkte ihm das Grundstück. „Das alles verdanke ich U Min Kyaw. Die größten Filmstars Burmas kommen zu mir, um seinen Rat und Beistand zu erbitten.“

Macht und Geld: Eine charismatische Natkadaw kann über beides in großem Ausmaß verfügen. Am nächsten Abend wird es vorgeführt, auf eindrucksvolle Weise. Das Orchester schlägt probeweise ein paar Töne an, langsam trudeln die Zuschauer ein. Ganz vorn sitzen schon drei ältere, stämmige Damen. Neben ihnen wirkt der Rest des Publikums plötzlich ärmlich. „Das sind Geschäftsfrauen aus Myingyan“, sagt ein Mönch, der in der Tür des Natschreins lehnt. „Sie haben dort mehrere Läden. Und alle keinen Mann.“ Er kichert. Sein Gesicht erinnert auf kuriose Weise an die ortsansässigen Äffchen. Woher er das weiß mit den Damen? „Sie kommen jedes Jahr. Und immer bezahlen sie eine Natpwe von Mami Son. Sie sind überzeugt, dass er ihnen Glück bringt.“ Der Mönch zeigt auf die geblümte Glaswand auf der anderen Seite des Raums, hinter der die Statuen der wichtigsten Nats stehen. In diesem Separeé zieht die Natkadaw Mami Son sich gerade um. Einen kurzen Moment lang sieht man einen stämmigen Männeroberkörper, nackt bis auf einen BH mit ausgestopften Körbchen.

„Er ist im eigenen Wagen gekommen.“ Der Mönch klingt bewundernd. „Gleich geht es los.“ Wird er zusehen? „Höchstens 15 Minuten. Bei einer ganzen Natpwe dabei zu sein, zählt für einen Mönch zu den größeren Vergehen.“ Er kichert wieder. „Ich opfere den Nats nicht, aber ich schließe sie jeden Abend in meine guten Wünsche ein. Buddha sagt: Es gibt viele verschiedene Wesen. Dass man sie nicht sieht, heißt nicht, dass sie nicht existieren.“

Ein Tusch. Da ist Mami Son: in Gewändern aus Brokat und Seide, mit schweren Ringen an allen Fingern. Sohn der Waldfee Popa Medaw, die sich von Blumen nährte, und Ehemann von Ma Ngwe Daung, einem reinen Fräulein, das sich in den wilden Prinzen U Min Kyaw verliebte – und von ihm verschmäht wurde.

Mami Son sieht hinreißend aus, eine Diva. Die Mehrheit der Natkadaws sind Frauen, die anderen meist Homo- oder Transsexuelle. Yves Rodrigue, der als Diplomat vier Jahre in Burma lebte und für einen Film über den Nat-Kult viele Natkadaws interviewte, kam zu dem Schluss, dass Sexualität bei der Berufung bewusst oder unbewusst immer eine große Rolle spiele. U Swan war ein androgynes Elfenwesen; Mami Son hat sich perfekt zur Frau gewandelt.

Und was jetzt folgt, ist eine virtuose Inszenierung. Sie wird zwischen Psychodrama und Cabaret pendeln, manchmal an Slapstick grenzen, Gänsehaut provozieren oder brüllendes Lachen; aber eines wird immer im Mittelpunkt stehen: Geld. Das Geld der drei Damen aus Myingyan.

Legenden werden lebendig: etwa die traurige von Pegu Medaw, der Büffelfrau. Sie zog einen Königssohn auf – er tötete sie

Vor den Statuen der Nats kleidet die Natkadaw sich an. Die Felszinne am Mount Popa ist der Wohnort der Geister

Schon kramen sie zum ersten Mal in ihren bauchigen Handtaschen. Mami Son hat sich ganz nah vor ihnen aufgebaut, redet tadelnd auf sie hinunter. Scharf schneidet sein Zeigefinger die Luft über ihren Köpfen. Die Frauen ducken sich, leise Angst auf den Gesichtern. Zaghaft strecken sie ihm die Scheine hin, richten flehentlich die Augen nach oben. Er nimmt das Geld nonchalant, wendet sich abrupt zum Orchester: „Musik! Ich will tanzen!"

So geht es bis weit in die Nacht. Mami Son singt, tanzt und predigt, und nach jeder seiner Tiraden, auf jedes seiner Zeichen hin fördern die Frauen neue Scheine zutage. Stopfen sie in die goldene Schale, die er ihnen reicht; heften sie an seinen Kopfputz – bald baumeln dort lange Girlanden – oder ans Kleid, während er kokett den Hintern schwenkt: „Alle meine Öffnungen müssen mit Geld zugedeckt sein." Sie offerieren ihm die Scheine im Fächer oder einzeln, und zwischendurch reichen sie ihm dicke Bündel kleiner Noten, die er effektvoll in die Luft wirft, damit sie auf das Publikum regnen. Gesten des Überflusses in einem armen Land. Manchmal lässt er die Damen zappeln. Dann stehen sie demütig da mit ihrer Gabe, und er tanzt an ihnen vorbei, als seien sie unsichtbar; gönnt ihnen keinen Blick, selbst als er die Scheine schließlich annimmt. Sind die Noten zu klein, lässt er sie fallen. „Ich kann viel für euch tun – aber es ist nicht umsonst." Er stößt ein schrilles Lachen aus. Pflichtschuldig beugen die Damen sich wieder über ihre Taschen. Er hat sie in der Hand. Er wechselt von kalter Autorität zu frivolen Späßen: „wo ihr so viel Geld habt, warum kauft ihr euch keinen jungen Mann?", er ist ihr Hofnarr und ihr Zuchtmeister zugleich. Sie müssen bluten – doch sie sind dankbar, denn so stellen sie sich gut mit den Nats. Die Taschen scheinen unerschöpflich. Wieder regnet es Scheine.

Ganz plötzlich ist dann alles zu Ende. Die Geschäftsfrauen aus Myingyan sehen abgekämpft aus, aber glücklich. Ein Gehilfe bringt Mami Sons Schalen und Säbel zum Wagen. Alles ist aus Gold und Silber. „Feine Sachen hat er", bemerkt ein Zuschauer. „Er ist ein echter Könner." Er macht eine Pause: „Vielleicht ein bisschen gierig." Vielleicht. Aber die Nats sind ja auch keine Engel. □

Philippe Gontier *ist einer der großen französischen Reportagefotografen. Er lebt in Paris.*

MERIAN | INFO Nats und ihre Feste

Zumindest zu einem Geist pflegen die meisten Burmesen Kontakt: Mahagiri, der Beschützer des Hauses, ist in vielen Heimen durch eine grüne Kokosnuss mit rotem Turban vertreten und erhält regelmäßig Opfergaben. Ein anderer Nat, dessen Verehrung allenthalben Spuren hinterlässt, ist Myin Byu Shin, der „Lord des weißen Pferdes", Beschützer der Dörfer. Ihm zu Ehren wird dort sein weißes, reiterloses Pferd aufgehängt. Die beiden gehören zu den populärsten Figuren in einem ziemlich unübersichtlichen Kosmos: Im Lauf der Jahrhunderte gab es immer wieder Neuzugänge oder Verluste, manchmal verschmolzen mehrere Nats zu einem, andere existieren in verschiedenen Varianten. König Anawratha, der den Nat-Kult ausrotten und als ihm das nicht gelang, zumindest zähmen wollte, ernannte ein offizielles Pantheon von 37 Geistern. Das Volk aber hielt weiter auch Außenseitern die Treue. Der geliebten Popa Medaw zum Beispiel: Nach der Geistergeschichte lebte sie im Wald von Popa und nährte sich von Blumen, heiratete schließlich einen Edelmann und starb an gebrochenem Herzen, als dieser vom König zum Tod verurteilt wurde. Auch ihre beiden Söhne, die Taungbyone-Brüder, sind hoch angesehen. Und ein absoluter Star ist U Min Kyaw, der Bacchus von Burma: ein Lebemann, der den Hahnenkampf liebt und Whisky und Zigarren. Wenn er auf der Natpwe, dem Geisterfest, erscheint, gibt es für alle Schnaps aus der Flasche.
Wichtige Nat-Festivals, bei denen die Geistermedien, Natkadaws, zu Ehren der Nats tanzen und ab und zu in Trance verfallen, finden am Mount Popa im Dezember, April und August statt (genaue Daten je nach Mondkalender) und in Taungbyone im März, August und Dezember – dieses letzte wohl das wildeste im ganzen Land, so etwas wie ein Woodstock des Nat-Kults: Jede Natkadaw, die auf sich hält, muss hier dabei sein.

Text: Kathrin Sander

Der Inle-See ist wie ein Vater zu den Intha: Er ernährt sie, schaukelt sie auf den Wellen – und zweifellos haben seine ruhigen Wasser auch den Volkscharakter geformt

Die Söhne des Sees

Fischen nach Intha-Art: Die Körbe werden zum Seegrund gesenkt. Um die Hände frei zu haben, rudern die Männer mit den Beinen

Foto: Achim Bunz

Gemeinschaft im Gleichgewicht

Handeln und Treiben: Auf dem schwimmenden Markt im Pfahldorf Ywama wird von Boot zu Boot verkauft und geplauscht

Foto: Raffaele Celentano

Foto: Achim Bunz

Heute wie vor hundert Jahren

Landwirtschaft als Ochsentour: Wasserbüffel ersetzen Traktoren. Hauptumschlagplatz für diese Nutztiere ist der Markt in Heho

Alltag in heiliger Ruhe

Spiegelbild des Glaubens: Der Friede reflektiert die Lehre Buddhas, und still bewegen sich die Kanus in Ywana. Doch Motorboote tuckern immer häufiger über den Inle-See

oto: Raffaele Celentano

Immer, wenn ihr die Söhne des Sees wieder einmal besonders stur scheinen, fühlt sich Daw Tin Yee, als würde sie vor Wasserbüffeln Harfe spielen – was in Burma so viel heißt wie Perlen vor Säue werfen. Sie denkt dann, am Inle-See verstehe niemand außer ihr, dass eine neue Zeit begonnen hat. Dass man Touristen, die 20 Stunden Busfahrt von Rangun auf sich nehmen, um Burmas schönsten See zu besuchen, etwas bieten muss. Mehr als mit den Beinen rudernde Fischer und schwimmende Beete. Doch die Intha begreifen das nicht, sagt Daw Tin Yee, alias Ann – so heißt sie für Touristen.

Sie hat hoch toupierte schwarze Haare, ein Restaurant, ein Hotel, eine Weberei, in der aus Lotosfasern edle Stoffe werden, ein Gewächshaus mit wilden Orchideen und eine Antiquitätensammlung, für die sie ein kleines Museum bauen möchte. Japanische Sponsoren haben sich schon gefunden. Für Ann läuft alles blendend am Inle-See, über ihre Mitbürger aber schüttelt sie nur den Kopf.

„Die Intha", sagt sie, „legen keinen Wert darauf, dass sich etwas ändert. Sie machen, was sie schon immer gemacht haben – fischen, ihre Gärten bestellen, Boote bauen und weben." Oft hätte sie gesagt: Webt doch mal einen anderen Stoff, ein neues Muster. Aber dann heißt es: Wieso? Dieses war doch immer gut. „Man kann die Intha nicht ändern", sagt Ann. Dabei ist sie eine von ihnen.

Rund 100000 dieser „Söhne des Sees" siedeln rund um den Inle-See im südlichen Shan-Staat. Woher sie kamen, wer ihre Vorfahren sind, ist nicht eindeutig erforscht. Wahrscheinlich wanderte das Volk im 18. Jahrhundert, ermüdet von den Kriegen im Süden Burmas, gen Norden, ließ sich am See nieder und schuf sich seine eigene kleine Welt am Wasser. Friedlich, freundlich und ein bisschen eigen.

22 Kilometer von Nord nach Süd, zehn von West nach Ost misst der See, auf einer Seite rahmen ihn die Berge von Heho, auf der anderen die Hügel von Taunggyi. Die Ufer säumen gut 400 Dörfer, wobei jede Siedlung mit mehr als zwei Häusern als Dorf gilt.

Die Intha leben auf dem See und von dem See. Ihre Häuser stehen auf Bambuspfählen im Wasser, vor dem Steg liegen hölzerne Boote. Autos gibt es nicht, Fahrräder selten, in den Dörfern landeinwärts. Noch bevor sie laufen lernen, können die Kinder hier rudern, und das auf außergewöhnliche Art. Aufrecht stehend steuern die Intha ihre langen, schmalen Boote über den See. Grazil, als würden sie zu einer Pirouette ansetzen, schlingen sie dabei das rechte Bein um das Ruder, stehen mit dem linken fest auf dem Heck, die Hände frei, Fuß und Knöchel am Ruder. „Fahren Sie in die Dörfer", sagt Ann, „besuchen Sie die Leute. Sie werden sehen, wie die Intha sind."

Phyu-Phyu ist die erste, die wir treffen, ein Intha-Mädchen, zierlich, hübsch, 17 Jahre alt und überaus gastfreundlich. Kaum hat unser Boot in ihrem Dorf Sae Kaung festgemacht, bringt sie schon Tee und Tofukekse. Phyu-Phyus Familie hat eine Schmiede, ihre fünf Brüder arbeiten alle als Schmied, die Schwester hat einen Schmied geheiratet, und die Chancen stehen nicht schlecht, dass um Phyu-Phyus Hand auch bald ein Schmied anhält. Es gibt genug in Sae Kaung. Auf die Frage, wie viele Schmiede in ihrem Dorf arbeiten, muss Phyu-Phyu ein bisschen überlegen. Dann sagt sie „hundert", und ihr Tonfall verrät, dass dies genauso zwanzig oder zweihundert bedeuten kann. Viele eben.

Wandel kommt in kleinen Schritten

Tradition: Beim Phaung Daw U-F

Warum in Sae Kaung so viel geschmiedet wird, wissen weder Phyu-Phyu noch ihre Brüder, die abwechselnd ihre schweren Hammer auf glühendes Eisen wuchten. Das war schon immer so, jeder Junge, der nicht wegzieht, auf die höhere Schule geht oder zum Studieren nach Taunggyi oder Rangun, wird Schmied. Würde er im Nachbardorf Nampan wohnen, wäre er Bootsbauer, in Mine Thauk am anderen Ufer Gärtner oder Fischer – wie es immer war.

Dennoch geht man mit der Zeit. Ein bisschen zumindest. Seit gut zehn Jahren kommen regelmäßig Touristen an den See, man hat sich hier an Ausländer gewöhnt, die auf der Suche nach dem stillen Idyll im Motorboot zwischen den Dörfern, Pagoden und Hotels hin und her flitzen. In Sae Kaung machen nicht viele Halt, dennoch haben Phyu-Phyus Brüder ihr Sortiment erweitert, sie verkaufen jetzt verzierte

fest werden verehrte Buddha-Statuen über den See gefahren

Attraktion: die springenden Katzen im Kloster Nga Phe Kyaung

Messer und kleine Scheren an die Touristen. Phyu-Phyu hat immer ein paar Wollfäden griffbereit, die sie Besuchern entgegen hält, damit sie an ihnen die Schärfe testen.

Das Souvenirgeschäft bleibt dennoch nur ein Nebenverdienst, der wichtigste Warenumschlagplatz ist der Fünf-Tage-Markt, der so heißt, weil er zwischen fünf Dörfern wechselt und nur an jedem sechsten Tag wieder am gleichen Ort ist. Heute ist Markt in Nyaungshwe, die Händler haben ihre Waren ausgebreitet, es gibt Betelnüsse, Zigaretten, Obst, Gemüse, Schuhe, Diesel in gusseisernen Gießkannen und eine Videothek. Besonders gut gehen „Jack, the killer" und „Terminator" – die Dialoge verstehe zwar kaum jemand, sagt die Verleiherin, aber die Action-Szenen seien äußerst beliebt.

Nyaungshwe ist die größte Stadt der Intha, über einen Kanal mit dem See verbunden. 12 000 Menschen leben hier, es gibt einige Dutzend Pensionen. Abends promenieren Touristen über den Nachtmarkt und gehen den Kühen aus dem Weg, die über die Haupteinkaufsstraße nach Hause getrieben werden.

Im Restaurant Hu Pin läuft abends der Fernseher, das größte Haus am Platz leistet sich eine Satellitenantenne. Die zwei Staatskanäle zeigen nämlich nur Langeweile in Rot und Grün, sagt man in Burma: Generäle posieren mit Mönchen. Im Hupin dagegen sitzen Gäste, Kellner und Koch gebannt vor einem Dokumentarfilm über Albatrosse auf Discovery Channel. Bestellungen haben erst nach Ende der Sendung wieder eine Chance.

Nyaungshwe hat vom Tourismus profitiert, und das ist auch das Verdienst von U Ohn Maung, dem Mann, der hier als erster ein Hotel baute. Dabei war das „Inle Inn" für den Reismühlenbesitzer und Zuckerfabrikanten jahrelang nicht mehr als eine Art Hobby. In Missionsschulen erzogen, lernte er früh Englisch, und als in den siebziger Jahren die ersten Touristen aus Europa nach Burma kamen, erklärte er ihnen das Leben am See. Über all der Schönheit vergaßen viele die Zeit, verpassten den letzten Bus nach Taungyi und übernachteten am Ende bei U Ohn Maung zu Hause.

Als es zu viele wurden, eröffnete er 1976 das „Inle Inn", wo er sich mit Leuten aus aller Welt anfreundete. Anfang der Achtziger, er war 35, reiste er ein Jahr durch Europa und kam mit dem festen Entschluss zurück, die Gegend um den See zu entwickeln.

Was nicht auf Anhieb gelang. Privatinitiative war damals verpönt, Burma sozialistisch. Über ein Jahr saß U Ohn Maung im Gefängnis. Seine Chance kam Anfang der neunziger Jahre, als die Regierung einsah, dass ein paar Devisen nicht schaden könnten und deshalb jedem entgegenkam, der Besucher ins Land holte.

U Ohn Maung eröffnete nacheinander drei Hotels, zuletzt das luxuriöse „Inle Princess". „Ein gutes Geschäft", sagt er, „aber auch die einzige Möglichkeit, die ich sehe, um meiner Hei-

Aus dem See: Der Fang des Tages, meist Karpfen, wird auf dem Markt in Nyaungshwe verkauft

mat zu helfen." Im schwarzen Longyi sitzt er in der Bar des Hotels, ein kleiner, zierlicher Mann, der jung wirkt für seine 58 Jahre. „Unsere Klientel ist reich", sagt U Ohn Maung, viele

Die Wasserwirtschaft floriert

seien bereit zu helfen. Er vermittelt die Gelegenheit: Wohn- und Waisenhäuser hat er schon mit Spendengeldern gebaut, Kindergärten, Schulen, eine Entbindungsklinik. Bis jetzt, sagt U Ohn Maung, habe der Tourismus am See kaum negative Folgen. Die Intha seien nicht abhängig von den Fremden, sondern verwurzelt in alten Traditionen. „So schnell", sagt U Ohn Maung, „ändert sich hier nichts."

Manchmal allerdings kommt der Wandel schleichend, in kleinen Dosen, aber massiv. Mitten auf dem See, im Kloster Nga Phe Chaung, hat sich vieles verändert, und schuld waren die springenden Katzen. Vor Jahrzehnten, als der alte Mönch Shin Way noch lebte, da mochte es mit Konzentration und Meditation zu tun haben, dass die Mönche ihre Katzen durch Reifen hüpfen lassen konnten. Heute lernen die Tiere das Kunststück von klein auf, indem sie nur Futter bekommen, wenn sie brav springen. Am See heißt das Kloster nun „Jumping Cat Monastery". Es gibt nur noch eine Hand voll Mönche hier, aber dafür jede Menge Touristen, die angespannt durch ihre Kameras blicken, um die entscheidende Sekunde nicht zu verpassen. Vorführung ist jede Stunde.

Doch rund um den See gibt es 200 Klöster, und mein Übersetzer will mir unbedingt noch ein paar andere zeigen. „Du darfst nicht denken", sagt er, „dass alle so sind wie dieses." Während wir Richtung Süden fahren, ändert der See langsam sein Gesicht. Die spiegelnde Wasserfläche, auf der Fischer ihre Netze mit meterhohen, konisch geformten Bambusgestellen zum Seegrund ablassen, verwandelt sich in üppiges Grün. Verwachsen zu einem undurchdringlichen Dickicht überziehen Tausende von Wasserhyazinthen den See. Wie kleine Bäche eine Wiesenlandschaft durchschneiden schmale Fahrrinnen den grünen Teppich.

Noch vor zehn Jahren drohte der See an den zartrosa blühenden, unaufhaltsam wuchernden Wasserhyazinthen zu ersticken. Jeder Bootsmann und Fischer wurde von der Regierung verpflichtet, bei Fahrten über den See ein Bündel Pflanzen auszureißen. Mittlerweile hat sich die Lage entspannt, doch die nächste Krise ist vorprogrammiert. Acht von zehn

Auf dem See: Die schwimmenden Beete entstehen aus Wasserhyazinthen

Intha-Familien leben von der Landwirtschaft, sie brauchen die Wasserhyazinthen, um damit ihre *kyunpaw*, ihre schwimmenden Beete anzulegen.

Hunderttausende davon, jedes knapp zwei Meter lang und einen halben breit, schwimmen auf dem See, bestellt mit Tomaten, Bohnen, Kohl, Ingwer, Knoblauch und Blumen. Es dauert 50 Jahre, bis sich aus Hyazinthen, Erde und Schlamm im warmen Wasser eine meterdicke Humusschicht bildet: Die *kyunpaws* werden über Generationen weitergegeben.

U Jo, über 70 Jahre alt, rudert jeden Tag aus Kaylar zu seinen 1000 Tomatenbeeten. Vier Arbeiter hat er angestellt, um Unkraut zu zupfen, für die Ernte braucht er doppelt so viele. Wenn alles gut läuft, erntet er im Jahr drei Tonnen Tomaten, manche so dick, dass die Zweige sie nicht halten können und sie im Wasser landen. Seit 40 Jahren gehören ihm die Beete, irgendwann soll sein Sohn sie übernehmen.

Die Tage fließen dahin in den Dörfern der Intha, friedlich und still wie der See selbst. Es kommt vor, dass der eine oder andere vom Boot ins Wasser fällt, weil er stockbetrunken den Steg zum Haus verfehlt, es gibt Feiern und kleine Skandale, wie damals, als man in der Schule von Mine Thauk Computer aufstellte und mit großem Festakt die Multimedia-Klassenräume einweihte. In Betrieb sind sie bis heute nicht, das Dorf hat keinen Strom.

U Tin Aung kennt alle diese Geschichten, zweimal in der Woche fährt er die Dörfer ab und trägt die Post aus. Sein Postamt in Nga Phaechaung ist immer geöffnet, schließlich wohnt er hier mit Frau und Tochter, und außerdem ist er froh, wenn Besuch kommt. Sehr ruhig sei es am See, sagt er.
Bis auf die Motorboote. Es gibt keinen Schalter, nur einen Tisch mit drei Stühlen, leider auch keine Briefmarken für Post nach Übersee, die werden nicht so oft verlangt, sagt U Tin Aung und entschuldigt sich vielmals. Die Sonne geht unter, als wir seine Familienfotos angesehen und uns ins Gästebuch des Postamts eingetragen haben.

Nach der Dämmerung wird es still am Inle-See. Aus den Häusern dringt das schummrige Licht von Öllampen, am nachtblauen Himmel leuchten die Sterne, spiegeln sich in der glänzenden Oberfläche des Sees. Ein Wasserbüffel brüllt irgendwo am Ufer.

Am nächsten Tag treffen wir noch einmal Ann. Wir bewundern ihre Antiquitäten, begutachten den Bauplatz für das Museum und reden über den Orchideenbildband, den sie bald herausbringt. Dass ihr Unternehmergeist die Söhne des Sees anstecken könnte, diese Hoffnung hat sie aufgegeben. Die Intha kann man nicht ändern, sagt Ann. Vielleicht ist das gerade ihr Glück. □

Kathrin Sander, MERIAN-*Redakteurin, kann sich keinen schöneren See als den von Inle vorstellen.*

Text: Christoph Hein

Fotos: Nick Nostitz

Im unzugänglichen Grenzland zu China leben die Wa. Opium hat sie in Verruf gebracht, doch nun geloben die Führer, den Anbau von Mohn zu stoppen. Den Bauern droht Hunger, die Drogenbarone aber sind längst auf Amphetamine umgestiegen. Und die ganze Region gerät immer mehr in die Hand des großen Nachbarn

Hart an der Grenze

Ihre 9mm Luger haben sie achtlos auf den Boden gelegt. Die Badelatschen abgestreift, das Uniformhemd geöffnet. Nun lümmeln sich die beiden Leibwächter in den wärmenden Strahlen der Mittagssonne. Die Nacht war kalt hier oben in Pang Sang, der Hauptstadt der Wa an der chinesischen Grenze. Jetzt haben die Wächter Zeit. Sie wissen, ihr Schützling Li Ziru wird für Stunden nicht nach ihnen verlangen. Denn der stellvertretende Vorsitzende des Zentralkomitees der Vereinigten Wa-Staat-Partei ist mit seiner derzeit wichtigsten Aufgabe beschäftigt: Er muss den Ruf der Wa verbessern.

Li Ziru windet sich aus seinem schweren Holzsessel. Die hoch gerutschte Hose gibt den Blick auf den Schlafanzug frei, den er darunter trägt. Das Handy, das sich eben noch mit der Melodie von Yankee Doodle meldete, hat er abgeschaltet. Seine Augen verengen sich zu Schlitzen. „Wir wollen aus eigener Kraft wachsen. Nicht durch Investitionen von außen wieder in den Drogensog geraten. Wenn wir keinen Mohn mehr anbauen, kein Opium mehr gewinnen, sollen die Menschen hier bessere Lebensbedingungen haben als zuvor."

Drogenhandel und Waffenschiebereien, Kopfjagd, Prostitution, Glücksspiel, eine eigene Armee und ein rechtsfreier Raum in einem abgeschiedenen Land, zu dem Fremden der Zutritt verboten ist – das sind die Elemente, aus denen die Legenden um die Wa gestrickt werden, eine Volksgruppe mit etwa 400 000 Menschen, von denen drei Viertel in der „Wa-Special Region" im Nordosten Burmas leben. Ihre Führer wollen der Welt nun beweisen, dass die Wa sich geändert haben: Die Geschichten über Opium und Drogenhandel sollen der Vergangenheit angehören. Die Wa wollen die Anerkennung der Nachbarländer, des Westens. Ihr Plan ist so klar wie schlicht: Bis 2005 soll kein Opium mehr aus der Region kommen.

Ein paar Kilometer westlich der Wa-Hauptstadt setzt sich Na Pha unter einen knorrigen Baum auf ihrem Acker. Aus der nahen Schule dringt der Gesang der Kinder, im Dorf schütteln ein paar Frauen vor dem Pfahlhaus die Feuchtigkeit aus den grellbunten, chinesischen Decken. Kuhglocken läuten. Alles könnte in Ordnung sein. Doch nichts ist in Ordnung im Dorf Nam Maung Tai. „Wir wissen nicht, wie es weitergehen soll. Die Wa-Verwaltung hat uns ab diesem Jahr den Mohn-Anbau verboten, wir wer-

Fernsehreif: Soldaten köpfen Mohnpflanzen – vor den Augen der Welt

Foto: Reuters

Leichtere Droge: Statt Opium sollen Zigaretten Geld bringen

Autorität: Die ehemalige Rebellenarmee der Wa kontrolliert die Region nun ganz offiziell

den also kein Geld mehr verdienen. Im vergangenen Jahr hatten wir noch eine Ernte von 3,6 Kilo – fast 500 Dollar", sagt Na Pha. Drei ihrer Kinder spielen zu ihren Füßen mit einer Plastikpistole, einem „Superflugzeug" aus China, einer toten Libelle. Nur Kya Saw, der 20-jährige Sohn, sitzt abseits, hebt kaum den Kopf. Er war opiumsüchtig, wurde erst vor ein paar Wochen aus dem Entzug entlassen. Opium ist die Medizin der Armen in den Bergen der Wa – sie betäubt, hilft gegen Durchfall, senkt das Fieber der Malaria. Und macht süchtig. Es gibt in der Wa-Region kein Dorf ohne einen Abhängigen. „Wir haben hier immer Mohn angebaut, so wie unsere Eltern, Großeltern und Urgroßeltern", sagt Kya Shi, der Dorfvorsteher von Nam Maung Tai. Auf seiner Mütze prangt die Plakette der Wa-Armee, der rote Stern über den Bergen. Jahrzehntelang hatte die „Vereinigte Armee des Wa-Staats " (United Wa State Army, UWSA) erbittert gegen Rangun gekämpft. Erst als ihr die burmesische Regierung zugestand, ihre Waffen behalten zu dürfen, und den Wa regionale Autonomie verlieh, war ein Waffenstillstand möglich. Kya Shi erzählt, wie die Abgesandten der Wa-Verwaltung ins Dorf kamen. „Sie haben uns nichts erklärt. Sie haben nur gesagt, wer weiter Opium gewinnt, der landet im Gefängnis."

Burma ist nach Afghanistan der zweitgrößte Opiumlieferant der Welt. Und damit gleich doppelt geächtet: wegen des Militärregimes in Rangun. Und wegen des Anbaus von Schlafmohn. Als Opium geht die Substanz aus den Kapseln der Mohnpflanze über die Grenze, als Heroin landet sie in den Großstädten der Welt. Die Wa-Führung sieht ihre einzige Chance darin, das Land zu säubern – koste es, was es wolle. „Wenn ich das nicht schaffe, hacke ich mir selber den Kopf ab und sende ihn Euch", hat Bao Yuxiang den Drogenbekämpfern der Vereinten Nationen unaufgefordert versprochen. Er ist der starke Mann der Wa: Er führt das Politbüro und sitzt dem Zentralkomitee vor. „Er ist der König", sagt Jean-Luc Lemahieu, Repräsentant des Büros der Vereinten Nationen gegen Drogen und Kriminalität in Rangun (UNODC). „Wann immer man ihn auf die Demokratie anspricht, sagt er, er berate sich mit zwölf Leuten – das sei doch Demokratie."

Demokratie oder nicht – die Bauern haben andere Sorgen. „Wenn sie ihr einziges Einkommen verlieren, droht

Brücke nach China: Der starke Nachbar rollt die Region auf

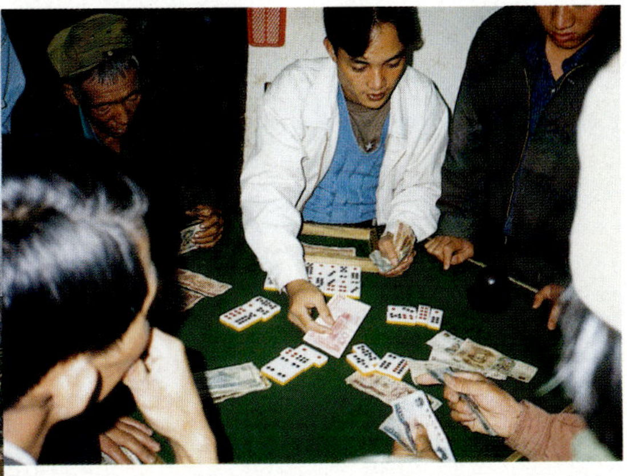

Dorfcasino: Glücksspiel ist ein wichtiger Wirtschaftsfaktor

Harter Alltag: Wa-Frauen trennen die Schalen vom Reis

Starke Truppe: 20 000 Soldaten sollen in der Wa-Armee dienen

in der ganzen Region Not und Hunger", warnt Lemahieu. Fehlt das Einkommen aus dem Opium, haben die meisten Menschen im Wa-Staat keinerlei Bargeld mehr. Kein Geld für Reis, keines für Medizin, für ein paar Kleider. „In diesen Bergen ist die einzige Währung das Opium", sagte der chinesische General Tuan Shiwen schon vor Jahrzehnten. Noch tauschen es die Dörfler auf dem Markt gegen Silbermünzen aus dem Indien der britischen Kolonialzeit. König George V. von 1918 ist rund 12 Gramm Opium wert. Das Kilo kostet etwa 150 Dollar. Auf den Basttischchen der Markthändler stapeln sich die Silbermünzen. Die Nachfrage nach Opium liegt weit über dem Angebot. „In jedem Jahr verringert sich die Anbaufläche in Burma um so viel, wie die gesamte Anbaufläche im Nachbarland Laos beträgt", sagt Lemahieu. Knapp 30 Prozent seiner Opiumfelder hat Burma allein im vergangenen Jahr vernichtet.

Im Dorf Wan Lone haben 51 Familien elf Hektar Mohnfelder bewirtschaftet – bis zu diesem Jahr. „Jeder Haushalt hier hatte zwischen einem halben und fünf Kilogramm Opium jährlich", sagt der Bauer Nan Kuseng. „Das meiste davon verkauften wir auf dem Markt." Und jetzt? „Jetzt haben wir kein Geld mehr. Vielleicht klappt es ja mit Kartoffeln, Mais oder Erbsen. Wir haben ein paar Säcke mit Samen geschenkt bekommen." Aber auch die helfende Hand ist hart: Die armen Dörfer, ab und an auch nur einzelne besonders arme Familien im Norden der Wa-Region, werden in tiefer gelegene Regionen umgesiedelt, wo der Boden besser ist und Reis gedeiht. Und wenn sich Bauern weigern zu gehen? „Dann verladen wir sie auf Lastwagen", sagt Ya Ku, der Sekretär der Vereinigten Wa-Partei in Mong Pawk.

Für Zhao Ainup liegen diese Probleme in weiter Ferne. „Gambei!"– „Auf Ex" scheint das einzige Wort, das der Außenminister der Wa beherrscht. Ein Berg aus Fleisch, schwitzend, ein Schweißtuch im Nacken, presst er sich auf seinen zu kleinen Stuhl. „Gambei!", und der elfte Whiskey während der ersten halben Stunde des Festessens stürzt seine Kehle hinunter. „Gambei!", er gibt sich nicht mit billigem Reisschnaps zufrieden, den seine Wa unter chinesischer Anleitung in den neuen Fabriken brennen. Statt Ersatzeinkommen für die schlagartig verarmten Bauern zu schaffen, treibt die Wa-Führung den Teufel mit dem Beelzebub aus: Sie lässt Fusel brennen, Zigaretten der Marke „Golden Triangle" drehen. Den Bauern ist damit nicht geholfen. Und für die Reichen muss es ohnehin der Vollrausch mit Importwhiskey sein – Black Label fließt in Strömen. „Gambei!" auf die Wa, die Demokratie, die Wirtschaft, die Anerkennung der westlichen Welt und die eigenen Geschäfte. „Gambei!".

Die das große Rad drehen, machen auch ohne Opium ihre Gewinne. Über den Rückgang der Anbauflächen lächeln sie nur: Das neue Geschäft sind in Dschungellabors produzierte Amphetamine, die als Yaa-Baa in Bangkoks Diskotheken, auf Baustellen, in den Schulen reißenden Absatz finden. Die Polizei im benachbarten Thailand schätzt, dass jährlich rund eine Milliarde Tabletten in Burma gefertigt werden. Doch Geld lässt sich aus dem Wa-Land auch auf ungefährlichere Weise herausziehen. Aus Sicht der chinesischen Tycoone heißt das Opium der Zukunft Gummi. Oder Holz aus den Wäldern der Wa. Nicht länger machen die Silbermünzen der Markthändler reich, sondern die Plastikchips der Spielcasinos. Die Grenzstädte im Wa-Land wurden mit Drogengeldern erbaut, mit dem Geld aus Glücksspiel und Prostitution werden sie am Leben erhalten. Chinesische Geschäftsleute haben jetzt das Sagen in den Bergen der Wa. In Mong Pawk haben sie einen kleinen Markt gebaut. Die Städter erteilten ihnen dafür die Lizenz, die Region abholzen zu dürfen. Würden Sie das heute noch einmal so machen? „Nein", sagt Ya Ku, der Parteisekretär. „Schon deshalb, weil wir seitdem hier keinen Wald mehr haben." Im gesamten Wa-Land ist der chinesische Yuan das Zahlungsmittel, wird Chinesisch geschrieben, ticken die Uhren nach Peking-Zeit, nicht nach der Zeit Ranguns. „Die Chinesen frühstücken die Wa und essen ganz Burma", heißt es unter den Ausländern in Rangun.

Chinas Hunger auf die Nachbarregion tarnt sich als Entwicklungshilfe. Eine riesige Gummibaumplan-

Dorfschule: Gelernt wird fürs Leben, also Chinesisch

Städtisch: Pang Sang ist das Zentrum des Wa-Staates

tage vor den Toren Pang Sangs soll den Wa Arbeit verschaffen. „Das hier ist ein Beispiel für die neuen Chancen nach dem Ende des Mohnanbaus", sagt der Manager. Auf 6000 Hektar soll die Anbaufläche in den kommenden Jahren verdreifacht werden – größer als der Starnberger See. 4000 Bauern der Umgebung mussten ihre Felder dafür abgeben; mehr als eine Million Gummibäume wurden dort gepflanzt. „Dafür bekommt jeder Arbeiter täglich ein halbes Kilo Reis von uns", sagt der Manager. „Und wir bauen Schulen für die Kinder."

Im Dorf Wa Kann Gao, wo viele Arbeiter herkommen, sieht man das nicht ganz so. Der Wert eines halben Kilo Reis, des Tageslohns, entspricht etwa 15 Cent. „Sie haben uns gesagt, die nächsten sieben oder acht Jahre wird es noch dabei bleiben. Dann aber sollen wir zum ersten Mal richtig bezahlt werden", sagt ein Bauer. Und die Kinder in der neuen Schule? Die haben ihre chinesischen Bücher beiseite gelegt und sind angetreten, ein Lied zu singen: „Lasst uns gute Bürger werden. Selbst wenn wir noch klein sind. Unsere Zukunft, die ist größer als die Berge." □

Christoph Hein *ist Wirtschaftskorrespondent der* Frankfurter Allgemeinen Zeitung *für Asien und den Pazifikraum. Er lebt in Singapur.*
Nick Nostitz, *Mitglied der Fotoagentur* Focus, *ist Asien-Spezialist und lebt seit den neunziger Jahren in Bangkok.*

MERIAN | INFO Das Bergvolk der Wa

Die Wa sind mit knapp 400 000 Menschen eine der eher kleinen Volksgruppen Burmas. Drei Viertel von ihnen leben in der **Wa Special Region** im Nordosten des Landes. Sie ist Teil des Shan-Staates, der an Thailand, Laos und China grenzt. Weitere 600 000 Wa dürften in China leben. Die Wa haben in der Region das Sagen, neben ihnen leben dort aber u. a. auch Völker wie die Lahu (13 Prozent), die Shan (7 Prozent), Hanchinesen (4 Prozent) und Akha (2 Prozent).
Das Wa-Gebiet war immer umkämpft. Über Jahrhunderte haben Stammesfehden zahlreiche Opfer gekostet. Erst der Druck aus Rangun und die Unterstützung aus China vereinte die Wa: 1948 zog sich die Kommunistische Partei Burmas in den Untergrund zurück, versprengte Kämpfer verbargen sich im wilden Nordosten. Zwei Dekaden später begann China, die kommunistischen Nachbarn mit Waffen, Munition und Instruktoren zu unterstützen. Über Jahre bildeten die Wa den Kern der kommunistischen Widerstandstruppen in Burma. Im April 1989 aber revoltierten sie gegen die Partei und stürmten deren Hauptquartier im Grenzstädtchen Pang Sang. Die kommunistische Armee zerfiel in vier Regionaltruppen, eine von ihnen ist die **Vereinigte Armee des Wa-Staates** (United Wa State Army, UWSA). Sie schloss einen Waffenstillstand mit Rangun und durfte dafür ihre Waffen behalten; außerdem gestand das Regime den Wa territoriale Autonomie zu. Die Führungsclique der Kommunisten floh über die nahe Grenze nach China. Die **Revolution vom 17. April** findet sich heute noch als Datum auf der Fahne der Wa-Partei neben dem gelben Stern; die Flagge der UWSA zeigt Speer und Schwert gekreuzt. Heute ist für die Wa Pragmatismus die Ideologie der Zukunft, getragen von chinesischen Geschäftemachern.
Der mächtigste Mann der Wa, der ungekrönte König, ist Bao Yuxiang. Er ist Vorsitzender des Politbüros und des Zentralkomitees. Seine Macht teilt er mit seinen drei Brüdern. Der ältere leitet als Politkommissar die wichtige Südregion, die an Thailand grenzt. Der zweitjüngste Bruder ist Distriktchef in Mong Mao, im Norden der Wa-Region. Der jüngste Clanspross gilt als schwarzes Schaf: Der angebliche Vater von 17 Kindern und Kommandeur einer Brigade wird als Verbrecher gehandelt, als Drogenboss und Widerständler auch gegen den erklärten Willen seiner Brüder. Um die Anerkennung der westlichen Welt zu gewinnen, hat die Wa-Führung den Anbau von Mohn ab 2005 verboten. Vorangetrieben hatten ihn einst die Briten, der amerikanische Geheimdienst CIA förderte den Anbau im Kampf gegen den Kommunismus. Kritik trifft die Wa aber nicht nur wegen des Opiumhandels: Auf ihrem Gebiet werden, wohl auch unter Mithilfe einiger Führungsfiguren, in Dschungellabors riesige Mengen Amphetamintabletten hergestellt und dann vor allem nach Thailand gebracht.

Aus duftendem Yamane-Holz schnitzt Winn Myint in Mandalay seine Puppen. Dabei dreht er das Werkstück mit den Zehen

Heute sind Marionetten ein Souvenir für Touristen, die hohe Kunst des Theaters stirbt aus. Der Zauberer Zawgyi ist an seinem Stab und roten Mantel zu erkennen

An der Arbeit von Burmas Handwerksmeistern hat sich seit Jahrhunderten wenig geändert. Ihr erstes Gebot: Zeit spielt keine Rolle

Text: Anja Haegele, Fotos: Antonina Gern

Nach alten Regeln der Kunst

„Pinocchio – wer soll das sein?", der alte Puppenschnitzer fragt ohne den Kopf zu heben. Die Marionette aus Pinienholz, die als Lausbub lebendig wurde, ist in Burma unbekannt. Dabei ist Winn Myints Werkstatt in Mandalays 42. Straße der perfekte Ort, um zu glauben, dass Puppen plötzlich leben könnten. Mehr als 100 Marionetten hängen an Wänden und Decke des kleinen Raums, und es sieht aus, als schauten sie von Logenplätzen den elf Handwerkern zu, die unter ihnen neue Puppen erschaffen. Jeder Arbeiter hat 60 Werkzeuge, die in Kisten und zwischen Spänen auf dem Boden liegen. Im Takt der Hammerschläge tanzt Staub durch die Luft und legt sich als feine Schicht über Menschen und Material.

Neben einer uralten Schwungradnähmaschine steht der Stolz der Familie: der türkisblaue „National"-Kühlschrank mit dem roten Werbeaufkleber „stylish and elegant". Daraus wird dem Besucher burmesische Cola gereicht, dazu eingelegte Teeblätter und Erdbeerwaffeln, dann darf er auf der Bank am Fenster Platz nehmen und zusehen, wie Winn Myint eine Marionette baut. Fast einen Tag dauert es, bis aus ein paar Stücken duftenden Yamane-Holzes eine Prinzessin geboren ist, ein weißes Pferd oder ein Zauberer, der in Burma Zawgyi heißt.

Naing Win, Winn Myints Sohn, sitzt mit gespreizten Beinen auf einem Brett, nicht, weil es bequem wäre, sondern damit sein Werkzeug, sollte es abrutschen, nicht auf den harten Steinboden fällt. Mit seinen nackten Füßen hält er ein Stück Holz, dreht es mit den Zehen, während er es mit Hammer und Meißel in den Kopf des Zauberers verwandelt. Unzählige hat er schon geschnitzt, er kennt ihre Züge auswendig: aristokratisch gerade Nase, schmale Augen, prägnant geschwungene Lippen, Ringe im Ohr. Hübsch? Für Naing Win ist das ohne Bedeutung. „Er sieht so aus, wie Zawgyi aussehen muss."

Burmesisches Marionettentheater ist keine Kasperlevorführung für Kinder, sondern eine streng reglementierte Kunstform. Gespielt wird meist dasselbe Stück, die Jakatageschichte für 28 Puppen, die von früheren Leben des Buddha erzählt, von der Schöpfung der Tiere und Menschen. Eine der Regeln besagt, dass der Körper einer Marionette genau acht Mal so lang sein muss wie ihr Kopf. Deshalb misst Winn Myint häufig nach, bevor er den Zauberer an elf Schnüren zum Leben erweckt.

Er schiebt sich die uralte viereckige Hornbrille, ein Modell, wie man es in Berliner Szenekneipen neuerdings wieder trägt, von der Stirn auf die Nase und erklärt: „Die Füße müssen ein wenig nach außen stehen, sonst kann die Puppe nicht richtig knien, ihr Po würde nicht auf den Fersen liegen." Die Fußstellung richtig hinzukriegen ist schwierig, es dauert mehrere Stunden, zumal Winn Myint zwischendurch die Brille abgeben muss: Der Haushalt verfügt nur über diese eine, der Puppenschnitzer teilt sie mit seiner Frau, die auch scharf sehen muss, weil sie Zawgyis Gewand näht und bestickt. Eine weite Samthose und einen langen Mantel: Niemand wird sehen, ob der Po auf den Fersen liegt. Winn Myint blickt streng, beinah mitleidig, als wolle

Maung Aung Myin war Maler, bevor er sich mit ganzer Leidenschaft der **Lackkunst** verschrieb. Bis eine seiner wertvollen Dosen fertig ist, vergehen zwei Jahre

Heilige Mühsal: Goldschläger hämmern die Blättchen, die Gläubige auf Buddha-Statuen kleben

er dem Besucher komplette Ahnungslosigkeit attestieren: „Es geht doch ums Prinzip. Ich könnte schneller arbeiten, dann hätte ich die 50 Dollar, die die Puppe kosten wird, schneller verdient. Aber das will ich nicht. Ich liebe diese Puppen – wären sie nicht perfekt, hätte ich keinen Spaß an der Arbeit."

Perfektionismus und unendliche Geduld zeichnen Burmas Handwerksmeister aus. „Zehn Blumen" nennen die Burmesen ihre Künste, die von Generation zu Generation weitergegeben werden: Malerei, Lackkunst, Stukkatur, Holzschnitzerei, Modellieren, Bildhauerei, Metallguss, Gold-, Silber- und Eisenschmiedekunst. Sie wurden vor allem in Mandalay und Pagan entwickelt und verfeinert. Handwerk bedeutet hier archaisches Werkzeug, Arbeitstraditionen, die Hunderte von Jahren alt sind und viel Zeit und Liebe für jedes einzelne Stück, auch wenn es später oft zum Spottpreis verkauft wird.

Die meisten Künste trennen klar zwischen Männer-, Frauen und Kinderarbeit. Kinder werden gebraucht, weil sie kleinere Hände haben oder bessere Augen; Stickerinnen zum Beispiel werden mit 35 entlassen, man traut dann ihren Augen nicht mehr. Und in den Lackwerkstätten Pagans geben Männer die Muster vor, während junge Frauen später die klitzekleinen, tausendfach wiederholten Verzierungen in den Lack ritzen.

Maung Aung Myin ist wahrscheinlich der berühmteste Lackmeister Burmas. Er hat einen Paravent für das British Museum gemacht, verschifft seine Werke in die ganze Welt. Seine Werkstatt liegt im Erdgeschoss seines Hauses in Myinkaba bei Alt-Pagan. Dunkel ist sie und muffig, denn Lack riecht stark und streng, ein wenig wie Pferdemist. Der Meister erklärt sein Handwerk: „Der Saft des Lackbaumes wird gesammelt und in der Sonne gekocht, bis er eine schwarze Masse ergibt. Die tragen wir auf Holzmöbel und Gefäße aus Bambus- oder Rosshaargeflecht auf und lassen sie trocknen." In belüfteten Kellern, monatelang; er „vergesse" die Werkstücke, sagt Maung Aung Myin, bis er sie für den nächsten Arbeitsschritt hervorholt. Es wird poliert, neu lackiert und getrocknet, bis zu 20 Schichten Lack kommen auf eine wertvolle Dose, zwei Jahre dauert es, bis so ein Stück fertig ist. Nach der letzten Lackierung muss die Oberfläche völlig eben, glatt und glänzend sein, vor allem aber dick genug, um komplizierten Verzierungen standzuhalten. Mit einer Feder ritzen die Handwerker Muster in das Stück, imprägnieren die schwarzen Flächen mit Leim und tragen eine Naturfarbe auf, die wiederum mehrere Wochen trocken muss; dann wird sie mit einem Schwämmchen so lange abgewaschen, dass nur in den Rillen Farbe haften bleibt. Je nach Qualität der Lackarbeit wird jede Farbe bis zu dreimal aufgetragen, danach erst werden die Muster der zweiten und dritten Farbe eingeritzt – am Ende ist das ursprüngliche Schwarz nur noch Hintergrund.

Maung Aung Myin, der früher als Maler für die Archäologische Gesellschaft Burmas Fresken aus alten Tempeln kopierte, sitzt im ersten Stock seines Hauses im Schlafzimmer an einem winzigen Schreibtisch unter einer flackernden Neonröhre. Auf Baumwolle zeichnet er Szenen aus Buddhas Leben, die Tierkreiszeichen, Motive aus dem burmesischen Marionettentheater oder die Symbole der Wochentage. Diese Vorlagen kopieren seine Arbeiter später auf Schalen, Betelnussdosen, Vasen oder Möbelstücke. Das Zeichnen hat Maung Aung Myin von seinem Großvater gelernt: „Er hat mir gezeigt, wie Elefanten aussehen und Pferde – was Kinder so mögen. Meinen ersten Elefanten ließ er mich tausend Mal wiederholen – bis sie alle gleich aussahen."

Maung Aung Myin ist nur 1,50 Meter groß, ein stiller Mann mit rundem Gesicht, hohen Wangenknochen und einem goldenen Ring mit großem Rubin an der linken Hand. Lack ist seine große Leidenschaft, von seinem Ersparten hat er sich eine Sammlung alter Stücke zugelegt, die er dem

Aus ganz Burma kommen Schüler, um von U Hla Aung den **Bronzeguss** zu erlernen. Die Kunst besteht darin, die Wachsmodelle der Figuren zu modellieren

Besucher schwärmerisch vorführt. Im nächsten Augenblick verdüstert sich seine Stimmung, er zieht die Augenbrauen zusammen und schimpft über Billighersteller, die chemische Farben benützen, die in Windeseile trocknen. „Sie zerstören unsere Kunst."

Zum Glück aber kommen immer mehr Touristen, „die Qualität wollen, nicht billigen Plunder." Leider haben sie manchmal seltsame Wünsche: „Ein Belgier bestellte ein Bild vom Leben Buddhas, aber in der Mitte sollte handtellergroß sein Firmenlogo mit zwei brennenden Öltropfen prangen." Noch mehr stören ihn die erotischen Details, die viele Europäer sich auf ihren Lackvasen wünschen. Maung Aung Myin errötet: „Das finde ich peinlich. Und so etwas kann ich den Mädchen, die hier arbeiten, doch nicht zumuten, die sind noch sehr jung und sehr schüchtern."

Besonders jung sind die Mädchen in den **Goldschläger-Werkstätten.** Dieses Handwerk, das so essentiell ist für die burmesische Religion und Kultur – Gläubige kleben die Blättchen zum Zeichen der Verehrung auf Buddha-Statuen – pflegen nur noch rund 30 Betriebe, alle an Mandalays 36. Straße. Von weitem dröhnen die rhythmischen Schläge der Drei-Kilo-Hammer, mit denen kräftige, meist kunstvoll tätowierte Männer in sechseinhalb Stunden aus 24 Gramm Gold 4800 Blättchen schlagen. Die Arbeitsplätze der Männer gelten als heilig, dürfen nur mit nackten Füßen und von Frauen überhaupt nicht betreten werden. Dahinter sitzen in einem luftdicht abgeschlossenen, schwülen Raum kleine Mädchen und sortieren und verpacken die Goldblättchen.

„Es darf weder Wind noch Zugluft hereinkommen, sonst könnte das hauchdünne Gold wegwehen", erklärt Yamin Phyoi, 13 Jahre alt. Seit vier Jahren arbeitet sie hier bei Daw Tin Ye und verdient einen Dollar am Tag. Dafür könnte Yamin Phyoi zehn Blättchen kaufen, um sie zum Beispiel in der Mahamuni-Pagode auf den „goldenen" Buddha zu kleben. Der wird so sehr verehrt, dass inzwischen geschätzte 225 Kilo Gold auf ihm haften – wie wulstige Geschwüre sitzen sie an jenen Körperstellen, für die Gläubige sich Hilfe und Heilung wünschten.

Im Hauptquartier der UNO in New York hängt ein vier mal sechs Meter großer Wandteppich aus Mandalay. U Sein Myint hat ihn entworfen, der Maler und **Tapisserie**-Künstler, ein berühmter Mann in Mandalay. Auch er hat im British Museum ausgestellt und seine Werkstatt ist eine der schönsten der Stadt: ein wunderbar luftiger Raum, mit Wänden aus Bambus und geschnitztem Holz, rot und weiß lackiert, sauber und aufgeräumt. In langen Regalen reihen sich Gläser voll mit bunten Pailletten, Knöpfen, Bändern, Glassteinen und farbigen Fäden, die junge Frauen dicht an dicht auf Stoff nähen werden. Sie sitzen im Schneidersitz auf Holzpodesten, zu dritt oder viert über große Stickrahmen gebeugt, konzentriert: Je dichter ein Stoff bestickt ist, desto wertvoller; oft wird ein reich verziertes Stück, damit es mehr ins Auge sticht, mit Watte unterfüttert auf einen zweiten Stoff genäht.

U Sein Myint hat sein Handwerk aus eigenem Antrieb gelernt: Er hätte die Rattanmöbel-Fabrik der Eltern übernehmen können, aber es zog ihn zur Kunst. Zur Literatur und Malerei zunächst und dann zur Tapisserie, die Anfang der achtziger Jahre in Burma fast verschwunden war. In Klöstern fand er beinah zerfallene Wandteppiche, restaurierte sie in mühevoller Kleinarbeit. Mittlerweile hat U Sein Myint seit Jahren keine Nadel mehr zur Hand genommen. Er entwirft die Bilder, seine Angestellten sticken; ums Kaufmännische kümmert sich sein Bruder, während U Sein Myint die Hälfte des Jahres durch die Welt tourt, um seine Werke zu präsentieren. Stolz zeigt er dem Besucher Souvenirs von diesen Reisen und Fotos aus Hawaii, Hamburg, Tokio und Toronto.

Der **Bronzegießer** U Hla Aung, verehrt wegen der Klarheit seiner Figuren, ist in den 70 Jahren seines Lebens nie weiter als die paar Kilometer bis nach Mandalay hineingekommen. Seine Werkstatt liegt an der Straße nach Amarapura, ein voll gestopfter, staubiger Hof. Der Name „Hla“ bedeutet „schön“, aber der Meister hat nur noch wenige, vom Betelnusskauen rot gefärbte Zähne, seine Haut ist ledrig und voller Altersflecken. Stoppelbart und strubbelige graue Haare zeigen, dass er wenig Wert auf Äußerlichkeiten legt. Doch wie er in seinem Sessel sitzt, im weißen, weit aufgeknöpften Nadelstreifenhemd, Zigarren in der Brusttasche, die verkrüppelte linke Hand im Hemdsärmel vor Blicken verborgen, verbreitet U Hla Aung große Autorität. Von weit her kommen Schüler, die von ihm lernen wollen, Wachsfiguren zu modellieren, die später in Bronze gegossen werden.

Zehn Teile Harz, acht Teile Paraffin und fünf Teile Rohöl werden gekocht, gemischt und über einem Bunsenbrenner weich geknetet. Dieses Wachs gibt die Form vor, die später die Bronze einnehmen wird. Ist ein Figürchen fertig, wird es mit einer Mischung aus Ton und Pferdedung umhüllt und getrocknet. Darüber kommt eine zweite Schicht aus Ton und Reisschalen. Ist auch diese trocken, wird das Werkstück ins Feuer gehalten: das Wachs schmilzt, läuft durch ein Loch aus, an seine Stelle wird die Bronze gegossen. Ist sie hart, wird die Tonschicht abgeschlagen – und fertig ist die Figur. Während U Hla Aung all das erklärt, knetet er vier Wachsfigürchen und reibt alle paar Sekunden seine Finger im Gesicht oder steckt sie in den Mund – Spucke und Hauttalg verhindern, dass die Finger am Wachs kleben bleiben. Mit den Fingernägeln formt er den daumengroßen Figuren Gesichter. Er könnte dafür eine Schablone benützen, aber das würde seine Künstlerehre verletzen. U Hla Aung hat Prinzipien – genau wie der Puppenschnitzer Winn Myint.

Dessen Zauberer hat unter seinem feuerroten Gewand – das ihm, festgezurrt wie es ist, kein Käufer jemals ausziehen wird – einen kleinen geschnitzten Penis. Der Meister könnte es nicht ertragen, wenn sein Geschöpf unvollkommen wäre. □

Anja Haegele, *Jahrgang 1971, hat sich die mitgebrachte Zauberer-Marionette neben den Schreibtisch gehängt. Nun wird sie von ihr täglich daran erinnert, was wahre Liebe zum Detail ist.*

>> Adressen der Handwerker s. Seite 128

Der Tapisserie-Künstler U Sein Myint entwirft seine **Wandteppiche** nur noch. Die Frauen sticken

Die Him

Foto: Frank Charton

Auf 25 Quadratkilometern erstreckte sich hier eine Weltstadt. Geblieben sind mehr als 2000 ihrer Sakralbauten

Text: Michael Winter

Pagan: eine trockene Ebene, übersät mit Ruinen. Eines der größten Kulturdenkmäler der Erde. Was bewegte die Menschen vor Hunderten von Jahren, an diesem Ort einige tausend Tempel zu errichten? Der Glaube, damit einen Riesenschritt Richtung Nirwana zu tun

melsstadt

Menschen, die noch bis 1990 in Alt Pagan lebten, wurden umquartiert Jugendliche Ballspieler sind gedulde

Tausende Besucher kommen zun jährlichen Fest des Ananda-Tempel: und halten dann auch Markt al

Nach und nach werden die Monumente restauriert, hier die Dhammayazika-Pagode

Pagan ist nicht tote Geschichte, **der Geist** der Stadt lebt weiter

Der Erleuchtete ist im Ananda-Tempel durch vier Statuen präsent, jede über 9 Meter hoch

Der prächtige Ananda-Tempel ist ein bedeutendes Heiligtum. Deshalb wird seine Spitze regelmäßig neu vergoldet

Die Tempel sollten die **Erscheinung** des nächsten Buddha erwarten

Wir sind nicht vorbereitet. Als wir mit dem Geländewagen durch die Ebene zockeln und plötzlich mitten in eine unbekannte, nie gesehene Welt architektonischer Formen geraten, ist es, als seien wir auf einem fremden Planeten gelandet. Später habe ich gelesen, dass es vielen Besuchern ähnlich erging. Pagan. Die einstige Hauptstadt des mittelalterlichen Burma, gelegen an einer Biegung des Irrawaddy, war seit Marco Polo 600 Jahre hinter dem Horizont der westlichen Welt verschwunden. Eine untergegangene Stadt, nach und nach verlassen von ihren Bewohnern wie das mittelalterliche Rom und dann selbst von den Burmanen fast vergessen. Wie kann so etwas geschehen? Die Historiker behaupten, es habe nie in der Geschichte der Stadt eine vernichtende Katastrophe gegeben.

Die Ebene von Pagan ist eine Trockensteppe. Die Hitze ist kaum erträglich. Tempel und Pagoden ragen aus dem Buschland. Stufenpyramiden in glühend rotem Backstein. Je nach Baustil erheben sich auf der zweiten oder fünften Plattform Gebilde, die aussehen wie eiförmige Becher oder Glocken. Die Pagodenglocken enden in einer Nadelspitze; sie trägt einen Schirm aus Metall, an dem Glöckchen im Wind klirren. Einige der Pagoden sind vergoldet. Sie blenden so stark, dass man sie ohne Sonnenbrille nicht anschauen kann. Sie scheinen dafür gemacht, den Himmel auf die Erde zu saugen.

Im eurozentrischen Weltbild kommen Stadt und Staat Pagan und die Geschichte des mittelalterlichen Burma nicht vor. Eine Sache für Spezialisten. Wir sind eine Gruppe von sechs Journalisten, die mit dem Luxuskabinenschiff „Road to Mandalay" von Bhamo im Norden den Irrawaddy hinabgefahren sind. Eine Reise wie auf Kapitän Nemos „Nautilus". Nun ankern wir vor Pagan.

Diese Ebene ist seit Jahrtausenden besiedelt. Das Volk der Pyu, eingewandert aus Tibet, lebte hier seit dem 4. oder 3. Jahrhundert v. Chr. in kleinen Stadtstaaten. Einer ihrer Könige gründete der Sage nach Pagan. Weiter im Süden wanderten die Mon ein, ein Volksstamm wohl aus Zentralasien. Beide Völker unterhielten Handelsbeziehungen zu Indien und übernahmen von dort den Buddhismus, in beiden Kulturen waren der Tempel- und Pagodenbau sehr weit fortgeschritten. Als die Burmanen im 8. und 9. Jahrhundert aus dem chinesisch-tibetischen Grenzgebiet nach Süden vordrangen, hatten die Pyu den Zenit ihrer Geschichte bereits überschritten. Die Burmanen eroberten die Städte, darunter Pagan, und verschmolzen mit den Pyu. Zum Zentrum eines größeren Reiches wurde Pagan aber erst 200 Jahre später, als König Anawrahta das Mon-Königreich im Süden besiegte und die Hauptstadt Thaton eroberte. Er erwählte Pagan zu seiner Hauptstadt, weil sie verkehrsgünstig am Irrawaddy und in der Nähe sich kreuzender Handelsstraßen zwischen China und Indien lag.

Die Könige von Pagan herrschten bald über ein Gebiet, das etwa dem heutigen Burma entsprach. Pagan war aber nicht nur politisches Zentrum: es war der Platz, an dem Himmel und Erde zusammenstießen.

Die Stadt war eine der größten der mittelalterlichen Welt. 40 Quadratkilometer mit 2500 – nach einigen Quellen sogar über 4000 – religiösen Bauwerken. Pagan ist kaum kleiner als Manhattan, halb so groß wie Paris innerhalb der Boulevards und 15-mal so groß wie die mittelalterliche City of London.

Die Stadt war so etwas wie ein buddhistisches himmlisches Jerusalem. Ein Abbild des buddhistischen Kosmos. Das einst quadratische, ummauerte Stadtzentrum symbolisierte den Götterberg Meru, das Zentrum des buddhistischen Kosmos. Heute ist das Viereck nicht mehr vollständig, weil der Fluss den westlichen Teil der Mauer weggespült hat. Dieses Quadrat war in neun Felder geteilt. Die acht äußeren standen für die Planeten. Das Feld in der Mitte war für Gautama Buddha reserviert. Die Burmanen haben diese Stadtstruktur im Wesentlichen von den Pyu übernommen. Als König Anawrahta – von einem jungen Mönch aus Thaton zum Buddhismus bekehrt – Pagan zur Hauptstadt seines Reiches machte, ließ er den Palast und den Mahabodhi-Tempel im Mittel-

Der Bauplan folgte **kosmischer** Ordnung

Man muss sich Pagan farbig vorstellen: Viele Pagoden und Tempel zierten glasierte Tafeln

feld errichten. Damit koppelte er die politische Macht an das Symbol für die kosmische Mitte der buddhistischen Welt. Pagan war nun über alle anderen Städte des Reiches erhoben. Jede Macht, die in diesem Zentrum angesiedelt war, hatte die Vollendung und die Unendlichkeit in sich.

Einen Tempel oder eine Pagode zu besteigen ist eine heilige Handlung. Bei der Schwezigon-Pagode, einem der heiligsten Bauwerke Pagans und ganz Burmas, dürfen Frauen nur auf die erste Terrasse. Unsere Reiseführerin heißt Myint-Myint Shi. Call me Mimi, hat sie zur Begrüßung gesagt. Mimi war 18 Monate als Au-pair-Mädchen bei einem Zahnarzt in München und spricht sehr gut Deutsch. Ihr Alter verrät sie uns nicht. Sie trägt stets Longyi, den traditionellen Wickelrock, und sieht darin sehr elegant aus. Sie hat Chemie studiert und dann ein Diplom als Fremdenführerin abgelegt. Mit dem Einkommen unterstützt sie ihre Eltern in Rangun, bei denen sie lebt. Sie ist unverheiratet. Über Männer könne sie nur lachen, antwortet sie, als Brigitte aus Wiesbaden sie fragt, ob sie einen Freund habe.

Wir umschreiten den Pagodensockel im Uhrzeigersinn. Mimi verbeugt sich mit aneinander gelegten Handflächen gegen den Goldberg. Anhänger Buddhas glauben an die Wiedergeburt. Wer nicht gegen die Lebensregeln Buddhas verstößt, die etwa mit den zehn Geboten des Christentums vergleichbar sind, kann hoffen, auf einer höheren Existenzstufe wiedergeboren zu werden. Für einen Europäer, meint Mimi, wäre es schon ein Vorteil, im nächsten Leben als Burmane zur Welt zu kommen. Ob sie mit ihrer Regierung einverstanden sei, fragt Christine aus Hamburg. Leben sei Leiden, antwortet Mimi, und durch Leiden erwerbe man Verdienst. So komme man der Erlösung im Nirwana näher. Erlösung ist, nicht wiedergeboren zu werden. Wer nach Pagan pilgert, erwirbt Verdienst, erklärt Mimi. Ein Grund, Touristen hierher zu führen. Dann erzählt sie, dass sie jedes Jahr für einige Zeit in ein Kloster gehe, um besonders intensiv zu meditieren. Ihr Ziel ist, die nächste Stufe der Wiedergeburt zu überspringen – „denn beim nächsten Mal würde ich als Mann zur Welt kommen." Aber ist nicht das sehnlichster Wunsch jeder Burmanin, fragt Sibylle aus Bern, weil nur Männern der Eintritt ins Nirwana möglich ist? Das ist eben meine Art der Emanzipation, antwortet Mimi mit einem Lächeln.

Wir fahren zum Ananda-Tempel. In der Mittagshitze schweigen sogar die Zikaden. Wir setzen uns unter einen Regenbaum, der so heißt, weil eine Zikadenart an seinen Blättern saugt und dabei Teile des Saftes wieder ausscheidet. Vor uns liegt das ungeheuerlichste Bauwerk der Stadt. Ein Gebäude wie eine gelandete Raumstation. Ein Tor. Dahinter weiße Terrassen. Der oberste Sockel der Basis mit vier goldenen Spitzen an den Ecken verziert. Darüber erheben sich vier kleine Terrassen, auf deren oberster der Zedi (auch Chedi, Stupa) steht. Er sieht aus wie die Spitze einer von Jules Verne erdachten Weltraumrakete, die sich golden aus ihrem Startgehäuse schiebt. Händler mit Seidenmalereien bedrängen uns, Kinder springen um uns herum. Sie zupfen an unseren Kleidern. Mimi lässt sich nicht stören. Früher standen zwischen den Pagoden und Tempeln Häuser, erklärt sie, Paläste der königlichen Familien, der Höflinge und Staatsbeamten. Auch das äußere Stadtgebiet war dicht besiedelt. Die Häuser waren aus Holz und sind verschwunden. Nur die Pagoden und Tempel durften aus Ziegeln gebaut werden. Sie sollten die Jahrtausende überstehen, bis Maitreya, der nächste Buddha, erscheinen würde. Mimi erzählt, 1990 habe die Regierung unter dem Vorwand geplanter Ausgrabungen befohlen, die letzten Hütten zwischen den Tempeln abzureißen. Die Menschen wurden in Neu-Pagan, einer Stadt im Schachbrettmuster südlich des alten Stadtgebiets, angesiedelt. Von Ausgrabungen ist bisher nicht viel zu sehen.

Mimi glaubt fest daran, dass der nächste Buddha in Pagan erscheinen wird. „Pagan ist ein Buddhafeld", sagt sie. Wir haben aufgehört, Notizen zu machen. Franz aus Augsburg wischt sich den Schweiß von der Stirn. Dann konzentriert er sich mit seiner Kamera auf einen vertrockneten Froschleib, der vor ihm auf dem Boden liegt.

Was ist ein Buddhafeld, fragt Brigitte aus Wiesbaden. Nur in der Nähe eines Buddhafeldes kann man allerhöchstes Verdienst erwerben, etwa mit dem Bau einer Pagode oder eines Tempels, erklärt Mimi. Ein Buddhafeld erbebt, wenn der neue Buddha erscheint. In Pagan bebt sehr häufig der Erde, und sie wird wieder beben, wenn die Zeit gekommen ist. Wer an einem so heiligen Ort baut, kann sich allerhöchstes Verdienst erwerben, um dem Nirwana näher zu kommen. Deshalb ist Pagan die Stadt mit einer der größten Ansammlungen von Tempeln in Ostasien. Pagan ist vielleicht das eindrucksvollste Zeugnis der menschlichen Sehnsucht nach Erlösung, sagt Mimi. Natürlich konnten sich nur die Könige, ihre Familien und hohe Würdenträger so kostspielige Bauwerke leisten. Nur sie verfügten über genügend Leibeigene. Es gab aber auch einen wohlhabenden Händler, der sein gesamtes Vermögen dafür ausgab, einen kleinen Tempel zu errichten.

Am nächsten Morgen werden wir um vier Uhr von einem Pferdekarren erwartet. Es ist stockfinster. Keine einzige Lampe stört die Morgenstimmung. Die Sterne stehen direkt über den Baumwipfeln. Wir fahren schweigend die Uferstraße hinauf. Rechts und links Hütten aus Holz und Stroh. In einigen Höfen lodern schon Flammen aus den Feuerstellen. Wir fahren zwischen den ungeheuren Baukörpern hindurch, bis zu einer mächtigen Pagode. Mingalazedi. Wir laufen barfuß über Ziegelsteine, die auch am Ende der Nacht noch warm sind. Niemand spricht. Wir klettern auf die dritte Plattform, auf der sich der Glocken-Zedi erhebt, und setzen uns auf den Boden.

Ich schließe die Augen und horche. Es sind nur die Zikaden zu hören. Ein anschwellendes Zirpen, das abbricht und an einer anderen Stelle wieder anhebt. Geisterglöckchen klingen im Wind. Nach etwa einer Stunde wird eine weiße Horizontlinie erkennbar. Die Welt auf der Bühne färbt sich allmählich grau. Die Nadeln Hunderter Zedis stechen aus der schwarzen Fläche. Jetzt erwachen auch die Vögel. Plötzlich sehe ich zwischen den Pagoden ein Häusermeer und Straßen, die sich mit Leben füllen. Karren mit Waren poltern über das Pflaster, aus den Schmieden höre ich Hammerschläge. Der Lotussitz ist keine Anstrengung mehr. Hähne schreien. Die Bühne wird gelb. Doch die Pagodenspitzen bleiben schwarz. Mimi sitzt neben mir. Sie betet, und es scheint, als hätten wir alle aufgehört zu atmen. Dann beginnen die Pagodensockel zu erglühen. Ich höre eine Frau singen. Ihre Stimme kommt von unten aus dem Dunkel. Sie schwingt sich auf über das hinterindische Rom, das da unter uns liegt. Heilig. Unvergleichlich. Versunken.

Auch als wir zum Frühstück auf das Schiff zurückkehren, sagt keiner ein Wort. Erst am Nachmittag erklärt Mimi, was es mit dem Mingalazedi auf sich hat. Die Pagode war das letzte große Bauwerk des letzten unabhängigen Königs von Pagan. Narathihapati herrschte von 1255 bis 1287 in größtem Luxus. Als er mit dem Bau des Mingalazedi begann, prophezeiten die Priester, das Reich werde nach der Vollendung untergehen. Der König stoppte den Bau. Dann ließ er ihn doch vollenden. Zwei Jahre später fielen die Mongolen ein. 1283 eroberten sie die Festung Bhamo. Ein Jahr danach waren sie in der Kernzone. In aller Hast ließ der König heilige Bauwerke einreißen, um aus den Ziegeln eine Mauer zu errichten. Im Frühjahr 1285 floh er aus der Stadt. Einer seiner Söhne ermordete ihn zwei Jahre später. 1289 nahmen die Mongolen Pagan ein.

Aber sie zerstörten die Stadt nicht. Narasihapati war der erste Pagan-König, der vor einem Feind floh. Er ließ das Buddhafeld, die heilige Stadt, im Stich. In den Augen der Burmanen war sie entzaubert. Pagan ging unter, weil niemand mehr daran glaubte, dass die Stadt eine Brücke zwischen Himmel und Erde war. □

Michael Winter, *freier Autor und Journalist, glaubt fest daran, dass man Menschen, mit denen man den Sonnenaufgang auf dem Mingalazedi erlebt, nie mehr im Leben aus den Augen verliert.*

MERIAN | INFO Tempelstadt Pagan

Die Geschichte des Staates von Pagan wird in drei Abschnitte unterteilt. Die **frühe Periode** beginnt 1044 mit dem Staatsgründer König **Anawrahta** und dauert bis 1120. In dieser Zeit besiegten die Burmanen die Königreiche der Pyu- und Mon-Völker, die vor ihnen auf dem Gebiet Zentral- und Südburmas siedelten und deren Kultur sie aufnahmen und weiter entwickelten. Ein herausragender Bau dieser Zeit ist zum Beispiel der **Ananda-Tempel.** Mit ihm erreichte die Architektur und Kunst Pagans ihren eigenen Stil, der sich im Vergleich zur Architektur der Mon und Pyu durch größere Eleganz und Leichtigkeit, helle Innenräume und Zedis in Glockenform auszeichnet. Grundsätzlich ist zwischen **Tempel** und **Pagode** zu unterscheiden. Die Pagode ist eine Art Reliquienschrein. In ihrem Sockel sind Zähne, Haare, Knochen oder Asche von Buddha eingemauert. Die glockenförmigen Pagodenhauben im burmanischen Stil sind einer umgestülpten Lotosblüte nachempfunden, denn der Legende nach hatte Buddha im Schoß seiner Mutter die Form einer Lotosknospe. Das Innere einer Pagode ist massiv. Alle Sakralgebäude in Burma, deren Inneres begehbar ist, werden unter dem Begriff Tempel zusammengefasst. Burmanische Tempelarchitektur zeichnet sich durch mächtige Eingangshallen, lichtdurchflutete hohe Räume und Rundgänge aus. Die Terrassen der Pagoden und Tempel werden als die Stufen zum Nirwana aufgefasst. Die **mittlere Periode** der Geschichte Pagans reicht von etwa 1120 bis 1170. In dieser Zeit entfaltete der Hof seine größte Pracht und Machtfülle. Ein schönes Beispiel ist der Shwegugyi-Tempel mit bedeutenden, poetischen Pali-Inschriften. Die **späte Periode** des hochimperialen Staates und des Niedergangs reicht von 1170 bis etwa 1300. In dieser Zeit wurden in Pagan die prächtigsten Tempel und Pagoden gebaut.

Thibaw, der letzte König von Burma. 1885 schickten ihn die Briten ins Exil nach Indien

Besuch beim Prinzen

Sein Großvater ließ Dutzende Konkurrenten um den Thron in Samtsäcke binden und zu Tode prügeln. Der Enkel des letzten burmesischen Königs dagegen ist ein ausgesprochen liebenswürdiger Mann

Text: Andrew Marshall

Maymyo bereitete mir das englischste aller Willkommen: Nieselregen. Die britischen Kolonialherren hatten hier am Rande des Shan-Plateaus ihre Sommerfrische eingerichtet, in die sie flohen, wenn die Hitze in der Ebene unerträglich wurde. Ich wollte in Maymyo (das heute Pyin Oo Lwin heißt) einen zurückgezogenen und weitgehend vergessenen Mann namens Taw Paya besuchen – den Enkel des letzten burmesischen Königs Thibaw, der 1885 von den Briten nach Indien verbannt worden war.

Es ist passend, dass Taw Paya, ein lebendes Relikt aus Burmas königlicher Vergangenheit, in Maymyo wohnt. Ein Großteil der Stadt erweckt den sonderbar verlassenen Eindruck eines Museums. Statt luftiger kolonialer Bungalows hatten die Briten Straße um Straße rote Backsteinvillen gebaut, umgeben von Ligusterhecken – Traumhäuser des englischen Mittelstandes im Dschungel Südostasiens. Viele davon gehören jetzt hohen Tieren in der Armee oder dubiosen Neureichen, was oft auf das Gleiche hinausläuft.

Taw Paya lebt in einer verfallenden Pseudo-Tudor-Villa. Am Tor begrüßte mich eine Frau mittleren Alters: seine Tochter. Sie führte mich in ein dunkles, hohes, spärlich mit Rattansesseln und ein paar Elefantenskulpturen möbliertes Zimmer. Eine einzige Glühbirne baumelte aus einer abbröckelnden Deckenrosette. Über dem Kamin, der offenbar nicht mehr benutzt wurde, sah ich eine große Schwarzweiß-Fotografie von König Thibaw und Königin Supayalat. In den vergoldeten Rahmen waren ein Pfau und ein Hase geschnitzt, Symbole der burmesischen Monarchie.

Die Frau verschwand hinter den Vorhängen eines Durchgangs, und ich machte mich auf langes Warten gefasst. Ich erinnerte mich, was ich über Taw Payas Urgroßvater, den frommen König Mindon gelesen hatte. Ihm gefiel es, ausländische Besucher auf dem Boden sitzen und so lange warten zu lassen, bis ihre Beine taub wurden; viele mussten vom Hof getragen werden. Die wenigen, die stoisch ausharrten, hatten die Ehre, von Seiner Majestät aus sechs Metern Entfernung durch einen Feldstecher gemustert zu werden.

Aber dann teilte sich der Vorhang und ein verwirrt aussehender alter Mann mit ein paar Büscheln weißer Haare auf dem Kopf hastete ins Zimmer, wobei er das altmodische weiße Hemd zuknöpfte, das er über seinem dunkelvioletten Longyi trug. Er streckte die Hand aus. „Guten Tag", sagte Taw Paya mit schneidigem britischen Akzent. „Was kann ich für Sie tun?"

Zu meiner Erleichterung schien er erfreut, mich zu empfangen. Nicht alle Besucher waren willkommen. Taw Paya – hoch in den Siebzigern – ist der älteste lebende Nachfahr Thibaws. Dies und die Tatsache, dass er unter ganz anderen Umständen vielleicht König geworden wäre, hatte ihn in eine Art Ein-Mann-Freak-Show verwandelt. „Früher wurde ich ständig dem Militär vorgeführt", sagte er. „Da standen dann die Offiziere und starrten mich an."

Ich fragte ihn nach dem Foto von Thibaw an der Wand. War es in Burma nicht verboten, ein Bild des alten Königs auszustellen, wenn auch im Privaten? „Ja, ein paar Burschen vom Militär kamen und beschwerten sich." Taw Paya kicherte. „Aber ich antwortete ihnen: ‚Was? Haben Sie keine Bilder von ihrer Familie an der Wand?' Danach ließen sie mich in Ruhe."

Ein Burmesisch sprechender Freund hatte mir erklärt, die Burmesen seien die Italiener Asiens. Mit Sicherheit trifft das auf Taw Paya zu, der von Minute zu Minute lebhafter wurde, wild gestikulierte und seine Sätze durch Salven glucksenden Lachens unterbrach. Als seine Tochter ein Lacktablett mit Tee und Keksen zwischen uns stellte, hob er gerade zu einer temperamentvollen Verteidigung von Thibaws erstem Massaker an. Die Herrschaft des jungen Königs hatte 1868 mit einer altehrwürdigen burmesischen Tradition begonnen, der Auslöschung aller potenziellen Rivalen: Mehr als 80 von Thibaws Blutsverwandten, darunter acht seiner Brüder, wurden in große Samtsäcke gebunden und zu Tode geprügelt, während das Hoforchester ihre Schreie übertönte.

„Stellen Sie sich vor!", rief Taw Paya schwärmerisch und seine Augen begannen zu glänzen. „Da sind 37 männliche Erben, die Anspruch auf den Thron erheben können; die ziehen sich nicht leise zurück; die gehen sich gegenseitig an den Hals. Und was passiert dann? Das Land leidet." Er schüttelte den Kopf und lachte in sich hinein. „Das waren wilde Zeiten...."

Während er sprach, versuchte ich, diesen liebenswürdigen alten Mann mit seinem tyrannischen Großvater in Verbindung zu bringen – vergeblich. „Bitte, nehmen Sie einen Keks." Taw Paya lächelte.

König Thibaw war mit nichts im Exil angekommen. Nun, mit fast nichts. Da waren ein paar Truhen – in ihnen unter anderem eine diamantenverzierte Wiege, ein Set Spucknäpfe aus massivem Gold und silbernes Spielzeug für die Kinder, außerdem eine beeindruckende Kollektion Schmuck und Edelsteine, die das königliche Paar mit den Jahren versetzte, um seine britische Regierungspension aufzubessern. Das neue Heim in Indien war zwar nicht gerade ein Palast, aber es war auch nicht spartanisch. Ein ausladendes Herrenhaus mit 160 Bediensteten – von denen es keiner verstand, ordentlich eine Zigarre zu rollen, wie Thibaw sich beklagte.

Fern seiner Heimat hat der König den Rest seines Lebens über seinen Sturz gebrütet. Man kann das langsame Verlöschen seines Stolzes anhand seiner Briefe nachzeichnen. Anfangs forderte Thibaw die unverzügliche Rückgabe von Haushaltsgegenständen, die in Mandalay zurückgeblieben waren, darunter „ein großes, vollständig aus Gold gefertigtes Sofa" und „vier komplette Elefantengeschirre, verziert mit Rubinen". Diese Briefe zeichnete er trotzig mit „Sein vortrefflichster und erhabenster König Thibaw von Burma." 1911 bat er nur noch unterwürfig um Erhöhung seiner monatlichen Rente; britischem Druck nachgebend unterschrieb er jetzt mit „Ex-König Thibaw".

Thibaw starb mit 58 Jahren an einem Herzinfarkt, der möglicherweise von der Nachricht verursacht wurde, dass eine seiner Töchter mit seinem Privatsekretär durchgebrannt war. 1916 kehrte Königin Supayalat nach Rangun zurück, wo eine ihrer anderen Töchter einen buddhistischen Gelehrten heiratete und sechs Kinder zur Welt brachte, eines davon Taw Paya.

Als er die Schule verließ, musste Taw Paya für sich selbst sorgen. Vorbei

„Audienzhalle des Hirschthrons". Von der Plattform pflegte der König seinen weißen Elefanten zu betrachten

Prinzessin im Hofgewand. Die flammenartigen Applikationen stützten kleine Bambusstäbe

die privilegierten Zeiten, als alle in Burma gefundenen Rubine ab einer bestimmten Größe automatisch der königlichen Familie gehörten. Thibaw ging in den Jadehandel, und eine Zeitlang blühte das Geschäft. „In jenen Tagen hatten wir jede Menge Dienstboten", sagte er verträumt. „Hausangestellte, Gärtner, Köche ..." In diesem Moment ging die Glühbirne über uns aus. Ein Stromausfall.

Taw Paya ignorierte es. „Aber dann war es vorbei mit unserem Glück", seufzte er. Und mit dem Burmas. Es war 1962, und General Ne Win hatte die Macht übernommen. Sein Regime verstaatlichte die Industrie. Nur staatseigene Firmen durften noch mit Jade handeln. Über Nacht war Taw Paya aus dem Geschäft.

Er hat kein königliches Erbe. „Ich habe nichts von meinen Großeltern", sagte er. „Unser ganzer Besitz wurde konfisziert." Doch erbte Taw Paya etwas weniger Greifbares und doch absolut Einzigartiges von seinen königlichen Vorfahren: Er und seine Kinder verständigen sich noch heute in einem besonderen höfischen, für Außenstehende komplett unverständlichen Burmesisch. Das heißt, in Taw Payas Haushalt, wie früher am Hof Thibaws, geht niemand spazieren; stattdessen macht man „königlichen Fortschritt". Es isst auch niemand; sie „steigen empor zur edlen Tafel". Taw Paya fand das offensichtlich ziemlich amüsant. „Keiner kann uns verstehen", gluckste er.

Das mysteriöse Schicksal von König Thibaws Kronjuwelen war immer noch ein beliebtes Propaganda-Thema des Regimes. An einem Buchstand in Rangun fand ich eine Broschüre mit dem Titel: „Grausame und bösartige Unterdrückung des Myanmar-Volkes durch Imperialisten und Faschisten und die wahre Geschichte der Plünderung der königlichen Juwelen." Herausgegeben hatte es eine Regierungsstelle mit wahrhaft Orwellschem Namen: das „Komitee für Propaganda und Agitation zur Intensivierung des Patriotismus".

Thibaws verlorene Elefantengeschirre waren von großem persönlichen Interesse für General Ne Win. Der alte Despot hatte immer behauptet, er habe einen Teil königlichen Bluts, und eine Zeitlang war er sogar mit einer echten burmesischen Prinzessin verheiratet. In den sechziger Jahren, während eines offiziellen Besuchs in Großbritannien, überredete Ne Win das Victoria & Albert Museum, 140 königliche burmesische Insignien zurückzugeben, unter ihnen Kronen, Roben und rituelle Yak-Haar-Besen. Sie sind jetzt im Nationalmuseum in Rangun ausgestellt.

Doch größeren Wert hat in Burma wahrscheinlich das Konzept königlicher Herrschaft an sich. Sogar jetzt, über ein Jahrhundert nach dem Sturz der Monarchie, erhält Taw Paya noch Besuch von Nachkommen der Minister Thibaws. Trotz seiner Proteste säßen diese Männer immer respektvoll zu seinen Füßen. „Ich sage ihnen, sie sollen doch hier sitzen", rief Taw Paya aus und klopfte auf den leeren Stuhl neben seinem. „Aber sie fühlen sich nicht wohl dabei, also sitzen sie am Boden."

Taw Paya gab zu: „Es herrscht ein bisschen Sentimentalität, was die alten Könige betrifft." Aber als ich andeutete, in einem freien und demokratischen Burma könne womöglich eine ernsthafte Restaurationsbewegung entstehen, schüttelte er den Kopf. „Königtum ist aus der Mode", sagte er ernst, „die Zeit für Despoten ist vorbei." Ich sah ihn an. Er zwinkerte. „Natürlich", rief er, „wir haben jetzt Despoten!" Er brach in hohes Kichern aus. „Schlimmer als Despoten!"

In einem Punkt irrte Taw Paya. Die Monarchie ist in Burma nicht aus der Mode. Eher stimmt das Gegenteil. In Tempeln und an Lotterieständen werden immer noch kleine Bilder von Thibaw und seiner Königin als Glücksbringer verkauft. Und was die Generäle angeht: Sie lieben Königtum, oder jedenfalls den Pomp und die Rituale, die dazugehören. Auf einem diplomatischen Empfang in Rangun war ein „Demutstanz" vor den Generälen aufgeführt worden – diese Art Huldigung war seit Thibaws Tagen nicht mehr gesehen. Außerdem hatte das Regime mit Hilfe chinesischer Filmemacher ein mitreißendes, drei Stunden langes Kostümdrama über den Sturz des Königs gedreht. Es hieß „We Shall Never Be Enslaved".

Einwohner von Mandalay wurden als Statisten engagiert, und einige sollen echte Tränen geweint haben, als die Briten auf dem Höhepunkt der Handlung Thibaw aus seinem Palast abführten. Das königliche Epos war ein Kassenschlager. Taw Paya hatte die Premiere in Rangun besucht. Er war nicht beeindruckt gewesen. „Es ist nur eine Geschichte, das ist alles!" Er zuckte die Schultern. Aber später erfuhr ich, dass im dunklen Kino Tränen über seine Wangen gerollt seien. □

Andrew Marshall *ist Journalist und Buchautor in Bangkok. In seinem Buch „The Trouser People" (Viking 2002), dem die Geschichte entnommen ist, reist er auf den Spuren eines viktorianischen Abenteurers durch Burma.* **Barbara Baumgartner** *übersetzte den Text aus dem Englischen.*

Der „Löwenthron" Thibaws im Nationalmuseum in Rangun

AKTUELL UND SOFORT VERFÜGBAR: GOURMET TRAVEL TIPPS FÜR EUROPAS SCHÖNSTE REISEZIELE.

GOURMET TRAVEL TIPPS – der neue Service von DER FEINSCHMECKER, Deutschlands führendem Gourmet-Journal:
Wichtige Informationen zu Restaurants und Hotels in über 50 Reisezielen, aktuell und exklusiv ausgewählt von der Feinschmecker-Redaktion. Suchen Sie ein Fischrestaurant am Bodensee, ein verstecktes Bistro in Paris oder ein stilvolles Hotel in Lissabon – die Gourmet Travel Tipps von DER FEINSCHMECKER führen Sie hin. Die Informationen können Sie per SMS, Fax und Post abrufen.

- **Per SMS:** Senden Sie eine SMS mit Stichwort TIPPS, dem Reiseziel und Ihrer E-Mail-Adresse an die **82882** (legion 0,99 €/SMS, VFD2 Anteil 0,12 €/SMS). Bitte setzen Sie jeweils einen Leerschritt nach Tipps und nach dem Reiseziel. Und innerhalb weniger Augenblicke bekommen Sie eine E-Mail mit den Tipps der gewünschten Stadt/Region (z.B. »TIPPS Genf mustermann@t-online.de«). Achtung: Sie müssen die SMS aus Deutschland abschicken.

- **Per Fax:** Stellen Sie Ihr Faxgerät auf Abruf oder Polling und wählen Sie die **01377-371015** und die Durchwahl des gewünschten Reiseziels (z.B. für Köln 01377-371015-08), und die Gourmet Travel Tipps kommen umgehend als Antwortfax (legion 0,98 €/Anruf).

- **Per Postversand:** Bestellen Sie die Gourmet Travel Tipps direkt unter 040 / 87 97 35 40 gegen 2,- € Schutzgebühr pro Reiseziel (inkl. Versandkosten).

***Hinweis zum SMS-Abruf:** Bei Reisezielen mit Hotel- und Restauranttipps geben Sie bitte direkt hinter dem Ort ein H für Hotel oder ein R für Restaurant ein, z.B. »TIPPS BerlinH mustermann@t-online.de« für Hoteltipps in Berlin.

DIE FOLGENDEN REISEZIELE STEHEN IHNEN INDIVIDUELL ZUR AUSWAHL:

Reiseziele	Durchwahlen
DEUTSCHLAND (STÄDTE):	
Berlin (Hotels)*	01
Berlin (Restaurants)*	02
Dresden	03
Düsseldorf	04
Frankfurt (Main)	05
Hamburg	06
Hannover	07
Köln	08
Leipzig	09
München	10
Stuttgart	11
DEUTSCHLAND (REGIONEN):	
Bodensee	12
Ostsee (Flensburg bis Usedom)	13
Franken	14
Saarbrücken (Mosel-Saar-Ruwer)	15

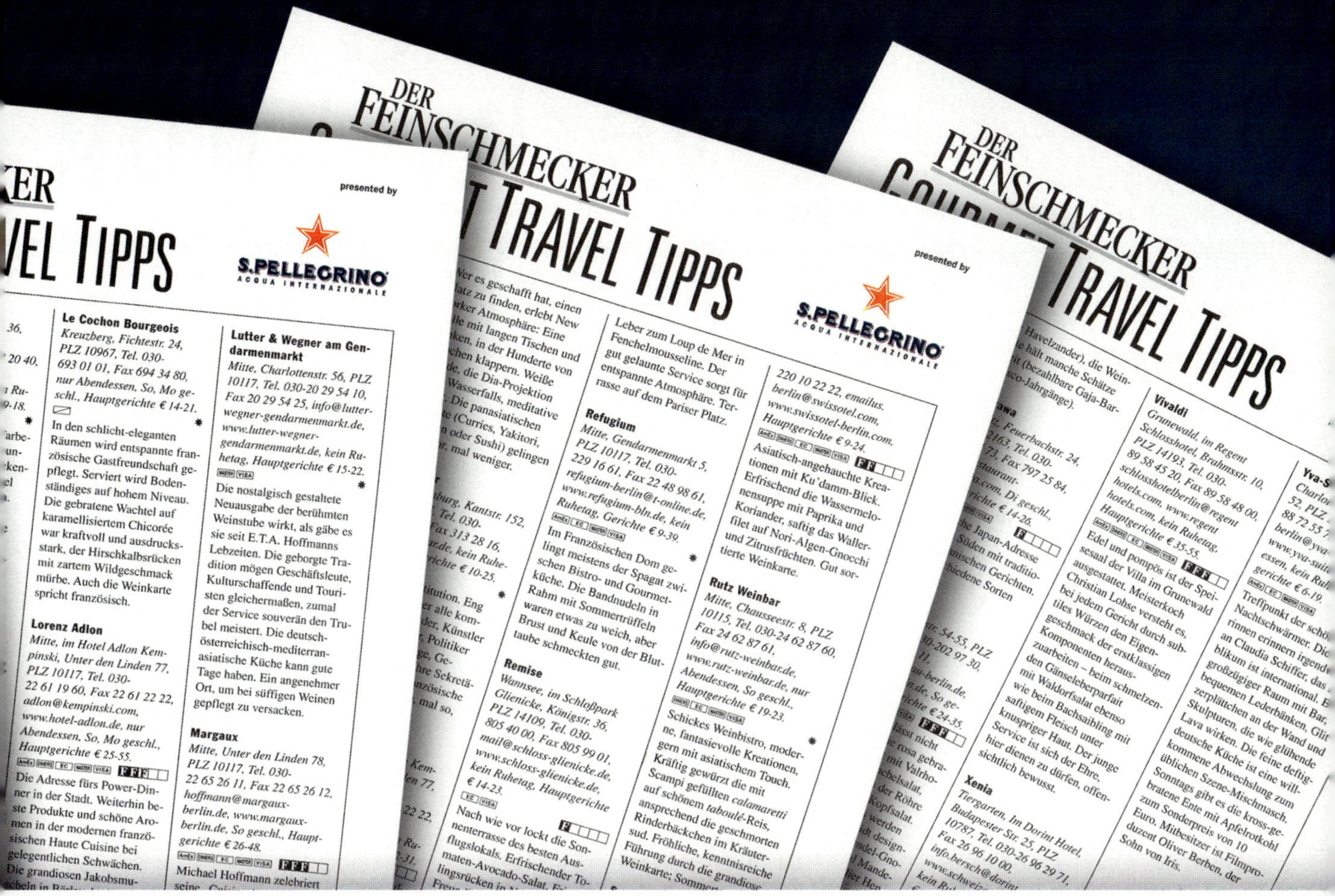

DER FEINSCHMECKER
DAS INTERNATIONALE GOURMET-JOURNAL

Glanz: 27 Perlen, die 9,39 Millionen Dollar einbrachten

Grüne Verheißung

Die beste Jade der Welt kommt aus Burma. Liebhaber, die an ihre magischen Kräfte glauben, geben dafür ein Vermögen aus. Minenarbeiter, die auf den großen Fund hoffen, zahlen einen noch viel höheren Preis

Text: Barbara Baumgartner

Aus einem Regenbogen wurde ein Stein gebrochen: So beginnt die Geschichte. Mit einem Geschenk der Götter, das die Menschen Yu nannten und dessen besondere Kräfte im Reich der Mitte durch Jahrtausende überliefert wurden: Der Himmelsstein verband Erde und Jenseits; zu Puder gemahlen und im Trank gelöst, erneuerte er die Lebenskraft; schloss Yu die Öffnungen des toten Körpers, verweste er nicht.

Konfuzius erklärte den Stein – Jade – zum Symbol aller Tugenden: „Sie leuchtet wie die Güte... Ihr Glanz ist verhalten wie die Demut", schwärmte der große Lehrmeister. Und mehr als 2000 Jahre später schrieb Kaiser Qianlong in einem von 800 dem Himmelsstein gewidmeten Gedichten: „Grüne Jade ist selten und tiefgrüne Jade noch seltener. Sie ist der Schatz der Schätze."

Der Kaiser hatte die Kostbarkeit gerade als Geschenk erhalten; ein Händler, der von der Grenze des Reichs zurückkehrte, brachte sie in den Palast: zwei kleine Brocken „von der Farbe der Federn am Hals des Eisvogels". Diese Federn sind grün und leuchten. Der Kaiser kannte Jade, doch nicht so schöne. Hier nun nimmt eine große Leidenschaft ihren Ausgang: Sie hält bis heute an und speist sich aus den Jahrtausende alten Mythen ebenso wie aus der Magie eines Ortes tief im burmesischen Dschungel.

Denn dort befand sich die Quelle des grünen Steins. Schon im 13. Jahrhundert hatten mongolische Krieger, die Pagan eroberten, Geschichten von einem Tal der Schätze nach Hause gebracht. Burmesische Legenden wussten von einer geheimen Mine voller leuchtend grüner Steine, über denen *nagas* wachten, mythische, mehrköpfige Schlangen.

Das Tal befindet sich im Norden Burmas, westlich von Mogaung, am Uru-Fluss. Es ist praktisch der einzige Ort auf der Welt, wo erstklassiges Natrium-Aluminium-Silikat abgebaut wird: Jadeit, der begehrteste Edelstein Asiens, in seiner höchsten Qualität schwerer zu finden als der perfekte Diamant und nur von diesem im Preis übertroffen. „Kyaukseinmyo" nennen die Burmesen dieses Gebiet, Jadeland.

Kaum hatten die Chinesen es entdeckt, wurde es ihr Dorado, wenn auch eine Vielzahl von Hindernissen den Andrang begrenzten. „Jedes Jahr machten sich 20, höchstens 30 Chinesen ins Jadeland auf, und nur wenige von ihnen kehrten je zurück", schrieb 1888 ein englischer Kolonialbeamter. In einem Tempel in Amarapura fand er eine Liste mit mehr als 6000 Namen chinesischer Händler, die seit Beginn des Jahrhunderts in Burma zu Tode gekommen waren, fast alle bei der Suche nach Jade – und da waren die kleinen Händler und Abenteurer nicht mitgezählt.

Die Unzugänglichkeit des Gebietes, Malaria, kriegerische Konflikte – der Stein blieb rar genug, um sein Prestige zu erhalten. Die wenigen Händler, die ihr Leben nicht in Burmas Dschungel ließen, kehrten mit der Aussicht auf gute Geschäfte nach China zurück. Der Hof entwickelte einen wilden Appetit auf den Himmelsstein, und sein Wert wurde unschätzbar.

Norman Lewis, der die Minen von Nordburma Anfang der fünfziger Jahre besuchte und die Arbeit ruhend fand, weil es im China Maos Frivolitäten wie den Edelsteinhandel nicht gab und auch keinen anderen Absatzmarkt, sah in der Geschichte der Jade ein interessantes Beispiel, wie eine Luxusgesellschaft sich ihr Symbol für Reichtum schafft.

Nach Qianlong war es vor allem die Herrscherin Cixi, die vom Himmelsstein nicht genug kriegen konnte

(während Burmas Könige unter den Edelsteinen ihres in dieser Hinsicht gesegneten Reiches immer den Rubin vorzogen). Sie ließ tausende Schmuckstücke aus Jade anfertigen, und ihre Eunuchen sammelten Morgentau, den sie mit Jadepulver vermischt als Lebenselixier trank.

Als während des Boxeraufstands 1900 der Palast geplündert wurde, verschwanden viele von Cixis Schätzen, um später in Sammlungen in London oder New York wieder aufzutauchen; und auf der wilden Party, die das Shanghai der dreißiger Jahre war, wurden Europäer und Amerikaner ebenfalls vom Jadefieber angesteckt.

Doch wie viel Geld reiche Erbinnen für ihre zauberhaft orientalisch schimmernden Colliers auch bezahlten – verglichen mit der mythenbeladenen Verbundenheit der Chinesen glich ihr Verhältnis zum Himmelsstein einer oberflächlichen Affäre. Nur jene durch Jahrtausende gepflegte Obsession konnte eine Farbpalette hervorbringen, die Himmelblau vom „Blau des von einem Regenschauer gewaschenen Himmels" unterscheidet, und ein durchscheinendes Grün als „die See, die einen blauen Himmel spiegelt" beschreibt. „Unergründlich" wird Jade oft genannt; die Gläubigen sprechen von Schicksal, das Mensch und Stein verbinde; möge die Jade ihren Besitzer, strahle sie schöner als an anderen Hälsen oder Händen.

Mit Messung und Technik allein, sagt Richard W. Hughes, ein amerikanischer Experte für burmesische Edelsteine, seien die Qualitäten von Jade nicht zu erfassen – für diesen Stein müsse man ein Gefühl entwickeln. Etwas von diesem Gefühl war wohl im Spiel, als 1997 ein anonymer Sammler auf einer Auktion von Christie's in Hongkong für eine einreihige Halskette aus 27 Jadeperlen 9,39 Millionen US-Dollar bezahlte. Die Kette schimmerte tiefgrün wie eine Eisvogelfeder, und ihr Name war: „Doubly fortunate", doppelt vom Glück begünstigt.

Zu dem bemerkenswerten Kauf – es war der höchste Preis, der je für Jadeschmuck bezahlt wurde – gibt es eine unglaubliche Geschichte, die die beiden britischen Journalisten Adrian Levy und Cathy Scott-Clark in ihrem Buch über Jade erzählen. Sie spielt in Mandalay: Jeden Morgen stieß sich ein Meisterschnitzer den Zeh an einem Stein, der in seiner Werkstatt als Türstopper diente. Als er einmal, wutentbrannt, den Klumpen zum Fenster hinauswarf, holte ein Lehrling ihn aus dem Dreck und begann, ihn zu schleifen – so kam der grüne Kern ans Licht, aus dem „Doubly fortunate" wurde.

Und noch eine Glücksgeschichte, diesmal ist der Schauplatz Hpakant, das Zentrum der burmesischen Jademinen: Ein Taxifahrer kaufte für 3000 Kyat einen Jadeklumpen, verkaufte ihn für 650 000 weiter und fand das so „interessant", dass er ins Jadegeschäft einstieg und zu einem der größten Händler wurde. Für die Geschichte bürgt Richard Hughes, er hat den Mann in Hpakant getroffen.

Als einer der Ersten durfte Hughes in den Neunzigern jene Minen besuchen, die in Jahrzehnten isolationistischem burmesischen Sozialismus unerreichbarer gewesen waren als zu den Zeiten Qianlongs. Der Verkauf war damals Staatsmonopol, doch der Schmuggel blühte, und im thailändischen Chiang Mai warteten die Händler aus Hongkong. Der Himmelsstein half auch den langen Krieg zu finanzieren, den die Rebellenarmee der Kachin gegen Rangun führte. Und schließlich waren Abbaulizenzen der Preis, den die Junta an die Kachin für den Waffenstillstand zahlte.

Richard Hughes fand auf seinen Reisen ins Jadeland eine Goldgräberstadt. Mitten im Dschungel, je nach Jahreszeit auf Schlamm- oder Staubpisten mühsam zu erreichen, in die Hügel wuchernd. Ein asiatisches Cripple Creek. Hungrige Dorfjungen aus allen Ecken Burmas, die auf den großen Fund hofften. Satellitenschüsseln auf Blechdächern, Rolex-Uhren und Hennessy-Cognac in den Geschäften, Glücksspiel, Bordelle.

Die dunkelste Seite von Hpakant aber entdeckten Scott-Clark und Levy. Indem sie Interesse am Minengeschäft vorspielten, gelangten auch sie ins Tal der Schätze. Sie wussten, was sie suchten: In einem Flüchtlingslager in Thailand hatten sie von der „Jade-Krankheit" gehört und Fotos gesehen von hohlwangigen Männern mit Beinen dünn wie Bambusrohr, von Leichen im Straßengraben, von Jungen, die sich Spritzen setzen.

Das alles sehen sie in Hpakant noch einmal, und mehr. Sie erfahren, dass die Minenarbeiter mit billigem Heroin versorgt werden und Hunderte sich eine Nadel teilen. Sie treffen verloschene Männer, die keine Hoffnung mehr haben, je zu ihren Familien zurückzukehren, junge Mädchen, die zur Prostitution ohne Kondom gezwungen werden, einen Arzt, der schätzt, dass 60 Prozent der Arbeiter Heroin konsumieren und die meisten infiziert seien; schließlich einen Priester: Er wisse nichts über Aids, sagt der, aber dass Gott Hpakant verflucht habe, sei sicher. WHO und UN-Mitarbeiter sprechen von einer drastischen Zunahme der HIV-Infektionen in Burma. Und so kennt die Geschichte des Himmelsteins unter vielen möglichen Arten des Endes auch dieses: eine Hölle auf Erden. □

Stein des Himmels. Levy, Adrian, Scott-Clark, Cathy, Die geheimnisvolle Geschichte der grünen Jade, Goldmann, 2003, 13 €.

Schufterei und Elend in den Minen von Hpakant. Viele Arbeiter suchen Erleichterung im Heroin – und infizieren sich über die Nadeln mit HIV

VORSTOSS in

Provisorische Brücken führen über die vielen Flüsse, die aus den Tälern des Nordens Richtung Irrawaddy strömen. Die meisten der trittfesten Träger sind vom tibeto-burmanischen Stamm der Rawang

die WILDNIS

Die unberührten Wälder in Burmas hohem Norden sind die Heimat rarer Tiere und märchenhafter Pflanzen. Zu Fuß unterwegs in einem Paradies

Eintauchen ins Blättermeer: Der Zug der Träger fädelt sich durch Bambusdickicht. Unter fast allen Bündeln gehen Frauen

Warten auf die Offenbarung: Ob der Kaiserreiher sich zeigt, einer der 50 seltensten Vögel der Erde?

ZWITSCHERN, Kreischen,

TRILLERN den ganzen Tag

Tag 1: Ankunft

Der Flughafen scheint direkt aus einem Film über die ersten Luftpostgesellschaften zu stammen. Die Landepiste, die einzige geteerte im äußersten Norden, verliert sich im Sand; man ist schon froh, dass auf ihr nicht Reis getrocknet wird. Im Empfangsgebäude, einem umgebauten Hangar, verteilt ein Militär lang erwartete Post, laut liest er die Namen von den Umschlägen ab. Willkommen in Putao.

Tag 2: Putao

Die britischen Kolonialherren hatten hier, 1200 Kilometer nördlich von Rangun, eine Militärbasis namens Fort Hertz eingerichtet. Es ist der letzte Marktflecken auf unserem Weg nordwärts. Ein kleiner Platz, zwei Herbergen. Im Winter kommen die Bergstämme ins Tal hinunter, um Heilpflanzen feilzubieten und Salz und Kleider einzukaufen. Ein paar protestantische Kirchen und wenige Stupas künden vom religiösen Leben der Gemeinde. In diesen abgelegenen Hochtälern ist der Buddhismus auf dem Rückzug – schon Ende des 19. Jahrhunderts tauchten hier die ersten baptistischen Missionare auf.

Es ist Erntezeit, auf den Feldern dreschen Bauern im Longyi Reis. Büffel zermahlen die Garben, kreisen im Rund, um die Körner aus den Ähren zu treiben. Die Zeit hat sich aufgelöst. In welchem Jahrhundert sind wir?

Hoch oben im Städtchen steht die Kaserne, flackernd erhellt von Wechselstrom, der hier seinen Namen verdient. Es gibt eine einzige Funktelefonverbindung. Am Abend setzt vielstimmiges Vogeltschilpen ein. Schon leuchten Jonathans Augen. Er ist der Ornithologe unserer kleinen Gruppe von Birdwatchern und Naturliebhabern, Indochina-Experte der Schutzorganisation Bird Life International.

Tag 3: Sangaung (350 Meter über dem Meer)

Um diese Expedition nicht zu verpassen, hat Jonathan seit zwei Monaten seine Vorsicht im Alltag verdoppelt. Wie ein ängstlicher Greis kroch er mit seinem Motorrad durch die Straßen von Hanoi, wo er lebt. „Für mich ist diese Reise ein Höhepunkt meiner Suche, ein Schritt auf dem Weg zum

als FESTMAHL

Gral". Begeistert fachsimpelt die Gruppe über märchenhafte, rare Arten, die nur in diesen Breiten zu finden sind – der Himalaya-Glanzfasan etwa oder das Blyth-Satyrhuhn – und auf deren Erscheinen alle hoffen wie auf eine mythische Offenbarung.

Die Piste ist eine Reihe von Schlaglöchern, die der Fahrer unseres antiken Geländewagens im Slalom umkurvt. Nach einer Stunde erreichen wir endlich Sangaung – das erste Dorf der Expedition. Gegenüber unserer Unterkunft speist ein kleiner Bach das Schaufelrad einer archaischen Reisschälmaschine Marke Scotland, repariert mit Holzrollen und Treibriemen aus Stofffetzen. Ein paar Dutzend Meter weiter beginnt der Busch.

Jonathan schaut durch sein Fernglas, und plötzlich wird sein Lächeln so breit, als träfe er unerwartet einen engen Freund: „Ein Bartvogel ... so einen habe ich seit 1996 nicht mehr gesehen. Wir werden spannende Dinge zu Gesicht bekommen! Die Fauna ist auf engstem Raum so abwechslungsreich, als würde man nach 50 Kilometern vom Mittelmeer über die Alpen zum Himalaya gelangen."

Die englischen Kolonialisten hatten diese Fülle wohl bemerkt. Sie organi-

Eine grüne Idylle – doch Campieren auf einer Höhe von 2500 Metern heißt auch: Der Boden unter dem Zelt ist ein feuchter Schwamm, und die Nacht kommt früh und bringt eisige Kälte

An zwei Tagen im selben Lager nutzen die Träger die Zeit. Etwa um ein Paar Holzschuhe zu schnitzen

Täler fernab jeder Zivilisation, überragt von den Gipfeln des Himalaya. Birdwatcher Richard „entschlüsselt“ den Wald

gebratene HORNISSEN

sierten bereits Ende des 19. Jahrhunderts vogelkundliche Touren durch Burma. Als die Japaner 1942 das Land besetzten und britische Funktionäre und Offiziere verhörten, sollen sie bei allen dasselbe Buch gefunden haben: „Birds of Burma“ von Bertram Smythies. Sie schickten das Werk sofort zum Dechiffrieren nach Tokio, überzeugt, es enthalte Geheimnisse der englischen Kolonialverwaltung.

Wir wohnen in einem zweistöckigen Holzhaus, gegessen wird im Freien. Von den Feldern heimkehrende Dörfler bleiben stehen. Wir tauschen neugierige Blicke. Sie sind vom tibetoburmanischen Volk der Rawang; gemeinsam mit den Lisu bevölkern die Rawang die abgelegenen Täler im Hinterland von Putao. Jeder Stamm hat seine Sprache, seine lateinisierte Schrift. Die Dörfer grenzen oft aneinander, und doch sind gemischte Ehen selten. Unsere 60 Träger kommen alle aus den umliegenden Dörfern. In der Mehrzahl sind es Frauen, oft allein stehend, alle sehr kräftig, kinderlos und vor allem ohne den ärgerlichen Hang der Männer zum Suff.

Festessen nach einem ersten Tag ohne langen Fußmarsch: gegrillte Hornissen (roh hochgiftig, haben sie gegart einen feinen Nussgeschmack), Klebreis, sautierte Zucchini und Kürbissuppe. Die Nacht erobert Sangaung. Auf der Dorfstraße steht ein Büffel im Licht einer Reisstrohfackel. Das letzte Mal, dass sich ein Haustier zeigt. Aber unzählige wilde Arten bewohnen den Primärwald. Ihre Schreie beseelen die Täler, ihre Gerüche fließen durch die Luft, Grenzen in einem unsichtbaren Kataster.

Tag 3: Aufstieg zum Camp I (von 350 auf 1320 Meter)

Am Ende des Dorfs taucht der ansteigende Pfad ins Pflanzendickicht, ins Grün des Bambus, der Farne, der 100-jährigen Palmen. Immer tiefer dringen wir in das Dunkel ein, immer wieder zeigt Jonathan mit präzisen und nervösen Gesten in den Wald.

Um mit den Vögeln Kontakt aufzunehmen, hat er eine Tonbandkassette mit Vogelgesang im Gepäck. Kollegen haben sie auf einer früheren Expedition aufgenommen. Im Strauchwerk schlüpfen winzige Vögel von Ast zu Ast. An sein Fernglas geklebt, bestimmt Jonathan die Art – er kann mehrere Tausend erkennen –, beschreibt mit lauter Stimme ihre Merkmale. Er entschlüsselt den Wald.

Bis zum Camp I kein Dorf. Mühsam hangeln wir uns über Felsen, schmale Brücken und schroffe Abhänge, bis endlich die Passhöhe erreicht ist und bald das Camp. Die Zelte werden auf einer Holzplattform 30 Zentimeter über dem Boden aufgeschlagen, um Berührung mit der schlimmsten Nässe zu vermeiden. Eine Plane schützt das Biwak vor dem Morgentau, der hier so dicht fällt wie ein Regenschauer.

Tag 4: von Camp I (1320 Meter) nach Warsadum (800 Meter)

Im Lager schläft niemand mehr, als die ersten Vogelschreie die Stille zerreißen. Die Luft ist voll vom Duft nasser Erde, Humus, feuchten Blättern und Moosen, das ganze Morgenparfum der Natur. In der Ferne hören wir das dumpfe Bellen eines Muntjak. Oberhalb von 700 Metern singen die Vögel nicht nur bei Sonnenaufgang und in der Dämmerung, sie kreischen, zwitschern, trillern manchmal den ganzen Tag.

In die Flanke des Berges eingegraben, schlängelt sich der Pfad nach Warsadum hinab. Das Blättermeer umschlingt uns, umzingelt uns. Manchmal wird der Weg zum Tunnel. Das Grün befriedet und beruhigt die Seele.

Starke Gemeinschaft: Im Dorf Mongo bei Putao will eine Familie ihr Haus ein paar hundert Meter versetzen. Die Nachbarn helfen gern beim Umzug

Licht tropft herab, filtriert durch die Blätter, aufgeladen mit honigfarbenem Gelb. Je weiter der Mensch hier wandert, desto kleiner, unscheinbarer wird er. Durch das dunkle Grün vibriert instinktive, grundlose Furcht. Man muss weiter marschieren, um ihr zu entkommen, seinen Willen darauf konzentrieren, ein breites Quadrat blauen Himmels wiederzusehen.

Aus der Ferne begrüßen Gibbons die Besucher mit Lachsalven, die gar nicht enden wollen. Jedes Mal, wenn sie aufzuhören scheinen, heizt einer das Getöse mit einem noch unwiderstehlicheren Witz wieder an. Die feierliche Stimmung des Waldes weicht dem Humor der Primaten, die lärmen, als hätten sie sich seit dem Morgen an gegorenen Früchten berauscht.

Nach mehreren Stunden Fußmarsch eine kleine Pause. Ausgestreckt auf einem mächtigen Baumstamm, beobachten einige von uns Vögel, andere mustern mit ihren starken Ferngläsern die unwahrscheinlichsten Pflanzenformen: wilde weiße Orchideen, Rosen, die in 15 Meter Höhe auf einem Baumstamm hocken und zwischen den Blättern heraushängen wie große Zungen.

Schließlich stößt die Piste an den Nam-Mu-Fluss, und es zeigen sich die ersten Häuser des Dorfes. Wir dürfen in der Hütte eines Hirten schlafen. Am Flussufer ausgestreckte Büffel lassen sich von Reihern die Parasiten aus der Haut picken. Jonathan wartet auf eine Erscheinung: Die Augen verloren im dunkelnden Himmel, träumt er davon, dass sich der Kaiserreiher zeigt, einer unter den 50 seltensten Vögeln der Erde.

Tag 5: Von Warsardum (800 Meter) nach Ze Ya Dum (1010 Meter)

Dichter Dunst voller Feuchtigkeit. Die Dörfler tauchen hier und dort auf wie Schatten. Nur das Rot auf den Lippen der jungen Mädchen schneidet durch das Grau. Der Pfad wendet sich nach Norden und verlässt das Tal, in dem nach den Worten der Dorfbewohner noch Tiger und Gaur, das seltene Wildrind, leben.

Wir folgen dem Flussbett des Pan Geran und steigen bis zum Abend langsam auf, bis zum nächsten Dorf, dem letzten vor den Gipfeln und bevor Indien beginnt. Die verschneiten Berge scheinen sich zu nähern, direkt vor uns emporzuspringen. Für einen Tag tauschen wir den Wald gegen eine Alpenlandschaft, so lichterfüllt, dass sie unsere an das Dämmerlicht der Bäume gewöhnten Augen blendet.

Über die majestätische Hängebrücke, die den Pan Geran überspannt, schreitet ein Jäger mit vorsichtigen Schritten, die Arme ausgebreitet, die Hände knapp oberhalb des Geländers aus Bambusrohr, mit präzisen Bewegungen, als stiege er eine Leiter hinauf. Die Konstruktion schwankt, schaukelt, der Jäger verlangsamt noch einmal seinen Schritt. Das Rohr knirscht, der Bambus biegt sich – aber alles hält. Der Wald liefert solides Baumaterial, um 50, ja manchmal 100 Meter reißenden Wassers zu überwinden, das mit ohrenbetäubendem Tosen talwärts schießt. Am anderen Ufer steigt der Pfad wieder an, wir erreichen die Ebene und Ze Ya Dum.

Tag 6: von Ze Ya Dum (1010 Meter) zum Camp II (1150 Meter)

Da Sonntag ist, versammeln sich einige Dorfbewohner zum christlichen Gottesdienst in der Kirche. Der Pastor hat Texte und Noten verteilt. Es ist seltsam, diese Frauen auf Baumstümpfen sitzen zu sehen, wie sie die in ihre Sprache übersetzten Episteln singen, deren Ursprung so weit von ihnen entfernt liegt.

Beim Vorbeigehen bekreuzigen sich einige der Trägerinnen, dann schlagen sie ihren Longyi bis zum Oberschenkel zurück, um die nächste Steigung leichter zu bewältigen. Die noch feuchte Erde schält sich unter dem Tritt in dicken Placken vom Boden, die Füße rutschen. Als der Weg steil abstürzt, setzen die Trägerinnen nur noch winzige Schritte voreinander, stützen sich auf ihre Stöcke und klammern sich an die Bambuslianen, die wie Anker von den Bäumen hängen.

Der immergrüne Wald ist eine seltsame Kathedrale. Gewaltige Bäume recken sich wie Säulen in den Himmel, fächern ihr Blattwerk zum Gewölbe. Orchideen umwinden morsches Holz in blühenden Spiralen. Am Zusammenfluss zweier Flüsse ist der Weg zu Ende, endlich erscheint wieder das Blau des Himmels.

Am nächsten Tag stärken sich alle zum Frühstück schon vor Sonnenaufgang mit dem energiereichen Klebreis. Plötzlich ein Schrei: „Here we are, guys: white bellied heron …“. Der Kaiserreiher. Einige Sekunden, um einen Schatten zu sehen, der ruhig davonfliegt und auf den Gesichtern der Birdwatcher ein breites, seliges Lächeln hinterlässt.

Tag 7: Camp II (1150 Meter)

Wir erfrischen uns an der einzigen Wasserstelle, die wir in der ganzen kommenden Woche erreichen werden. Männer und Frauen waschen sich

Ein Netz von Bambusrohren leitet frisches Trinkwasser zu den Häusern des Dorfes Ze Ya Dum. Das Wasser betreibt auch einen kleinen Generator

bedeckt von ihrem Longyi und eilen so schnell sie können ans warme Feuer zurück. Bevor wir den Aufstieg zum Camp III in Angriff nehmen, werfen die Fischer unter unseren Trägern ihre Netze im Fluss aus. Von nun an sind wir ausschließlich auf die mitgeführten Vorräte angewiesen. Die ersten Steilrampen kündigen an, wie es den ganzen Tag weiter gehen wird: bergan, bergan, bergan. Hier beginnt der Steilgrat, der uns an die 4000 Meter hinauf führen soll. Das Grün des Waldes wird grauer, dann blau, es zeigt die Höhe an.

Tag 8: Camp III (1800 Meter)

Dieses und das nächste Lager hat einst die Armee eingerichtet, jetzt werden sie von Expeditionen instand gehalten. Ausgelaugt vom langen Anstieg spart jeder mit Bewegungen. Wir wärmen uns an den Feuern und verschlingen unsere Mahlzeit noch bevor es dunkel wird. Die Frauen, eng aneinander gepresst um sich warm zu halten, singen ihre traditionellen Lieder, in die sie die neuesten Ohrwürmer einstreuen. Die improvisierten Chöre tönen durch das Lager wie Melodien aus einem bizarren Radio und enden meist in großem Gelächter.

Tag 9: Camp IV (2475 Meter)

Der Bergrücken steigt weiter an. An einer Stelle haben Erdrutsche den Kamm zu einer so schmalen Klinge gefeilt, dass zwei Menschen kaum nebeneinander gehen können. Auf beiden Seiten stürzt der Hang steil in die Tiefe. Unsere Schritte werden bedächtig, wir schauen nur wenige Zentimeter nach vorn, um nicht auszugleiten. Das Unterholz wird immer spärlicher. Langsam verschwinden auch die Bäume, die wenigen verbliebenen wirken wie Zwerge, die schütteren Kronen nah am Boden. Ihre Zweige sind verkrüppelt durch starken Wind und Regen und vom langsamen Wachstum auf dem kargen Grund.

Tag 10: Camp V (3080 Meter)

Endlich das letzte Lager, in eine kleine Vertiefung an der Spitze des Grates gedrückt. Weiter oben taucht immer wieder der Berg Phun Gan Razi aus den Wolken auf. Wir schlagen die Zelte auf einer Moosschicht auf, Feuchtigkeit durchdringt alles, die Nacht bricht früh herein, und die Kälte lähmt. Die Stunden werden mit schweigender Beobachtung verbracht.

Tag 11: Von Camp V (3080 Meter) zum Gipfel des Phun Gan Razi (4100 Meter)

Der Hang wird so steil, dass wir uns auf allen Vieren hinaufquälen, stellenweise über Leitern, die an die Felsen gebunden sind. Ganz weit unten, geborgen zwischen den Bergrücken wie in hohlen Händen, die letzten Dörfer im weißlichen Nebel. Ein Stück weiter ist plötzlich Schnee über den schlammigen Untergrund des Pfades gestreut. Die Träger glauben an die heilende Kraft dieses Schnees, der sogar Krankheiten fernhalten soll. Sie werden etwas davon in ihre Dörfer mitbringen und das Tauwasser so sorgsam hüten wie Gläubige ihr heilendes Fläschchen aus Lourdes.

Auf der Spitze, unter der durchnässten Flagge Burmas, breitet sich vor den Augen die Landschaft aus. Im Westen fallen die Täler der indischen Provinz Arunachal Pradesh ab, auf burmesischer Seite speisen die Wildbäche des Kachin-Staates den Irrawaddy. Im Norden ragen die Ausläufer des Himalaya empor, das Massiv des Hkakabo Razi, des höchsten Gipfels Südasiens, bedeckt von gleißenden Schneefeldern. Wer ihn besteigen will, braucht von Putao für Hin- und Rückweg 44 Tage, sagen die Burmesen – und sehr viel Glück. Im Camp bereiten die Träger schon die Rückkehr ins Dorf vor. □

MERIAN | TIPP Trekking

Trekkingtouren in den hohen Norden organisiert die Agentur Watt (wild-bird adventure travels & tours) von Dr. Htin Hla, für Ausländer Mr. Tony, ein ausgebildeter Arzt und begeisterter Birdwatcher.

wildbirdtt@mptmail.net.mm
www.wa-tt.com, P. O. Box 1136 - Yangon
Tel. 00 951 66 64 69, Fax 951 66 79 68

>> weitere Tipps im Infoteil auf S. 127

Nicolas Cornet, *Jahrgang 1963, hat sich mit seinen einfühlsamen Fotoreportagen aus Asien einen Namen gemacht.* **Andreas Weber** *übersetzte den Text aus dem Französischen.*

17 Monate – 17 Architekten

Ein Kalender von September 2003 bis Januar 2005

Spontane Entwürfe sind oft die spektakulärsten. In lockerer Atmosphäre, beim Essen hingekritzelt auf eine Serviette – so ist schon manches architektonische Wunderwerk geboren worden. Die Pinakothek der Moderne hat Serviettenskizzen von weltbekannten Architekten, darunter so illustre Namen wie Tadao Ando, Meinhard von Gerkan und Christoph Ingenhoven in einer aufsehenerregenden Ausstellung präsentiert. Die originellsten Skizzen hat die Redaktion A&W Architektur und Wohnen für diesen 17-Monats-Kalender ausgewählt. Damit können Sie sich die nächsten knapp eineinhalb Jahre von amüsanten Visionen architektonischer Kreativität begleiten lassen.

Format: 49 x 69 cm, Preis: € 39,– incl. Porto und Verpackung (nur innerhalb Deutschlands), Preis für Abonnenten von A&W Architektur & Wohnen: € 29,– (bitte Abo-Nummer angeben - dieses Angebot gilt auch, wenn Sie jetzt erst Abonnent werden). Einfach bestellen bei der Leser-Hotline 040-87 97 35 40, per Telefax unter 040-27 17 20 79, per E-Mail: leserservice@jalag.de oder unter www.awbooks.com.

A&W Architektur & Wohnen
KALENDER-EDITION

MERIAN-Top Ten

Was Sie in Burma nicht verpassen sollten:

1. **Pagan** Tausende Pagoden, Hunderte von Jahren alt: die Tempelstadt am Irrawaddy zählt zu den bedeutendsten Kulturdenkmälern der Welt.
2. **Chaungtha** Hart am Wind, unverbaut und hoffnungslos romantisch: ein Badeort aus einer anderen Epoche.
3. **Flussfahrt** Wohin und mit welchem Schiff, das ist letztlich egal: Eine Reise auf burmesischen Flüssen bietet einzigartige Einblicke in traditionelles asiatisches Leben.
4. **Kalaw** Europa in Südostasien: Kolonialbauten, bemooste Nadelwälder, Berge und ein buntes Gemisch verschiedenster Völker.
5. **Kyaiktiyo** Fällt er oder hält er? Wo ist er hergekommen? Und wie? Der „Goldene Fels" ist ein pittoreskes Wunder.
6. **Kyaingtong** Aus der „Hauptstadt des Goldenen Dreiecks" zu Stammesdörfern auf den Bergen. Mit Glück bekommt man ein blühendes Opiumfeld zu Gesicht.
7. **Mahamuni** In Mandalay führt die höchst verehrte Buddhafigur der Welt eindrucksvoll vor Augen, warum Burma immer mit Gold assoziiert wird.
8. **Popa** Nirgendwo ist Magie so greifbar wie in der Trutzburg der Schutzgeister hoch oben auf einer einsamen Felsnadel.
9. **Schwedagon** Das berühmteste Bauwerk Burmas – und mit Recht. Allein die schiere Menge an Gold und Edelsteinen flößt Ehrfurcht ein.
10. **Wasserfest** Zu Thingyan steht ein paar Tage lang das ganze Land Kopf und trieft vor Nässe.

Die Entdeckung der Langsamkeit

Wer Burma mit Maßstäben westlicher Effizienz begegnet, wird verzweifeln. Auf alle anderen wartet hier eine Welt, die man längst untergegangen glaubte

Burma ist ohne Frage eines der aufregendsten Reiseländer, die unser globalisierter Planet noch zu bieten vermag. Leider verbirgt es seine größten Reize oft hinter einem Wall aus schlechter Infrastruktur, diffusen Regeln und behördlicher Willkür. Das Programm „Montag 10 Uhr Pagode, Dienstag 14 Uhr Elefantenritt, Mittwoch Strand" scheitert gern an technischen Problemen – Burma geht seinen eigenen Gang.
Wer aber Zeit, Geduld und Kraft aufbringt, wer individuell reist und flexibel ist, der wird den Wall durchdringen und sich eine wilde Welt alter Schönheit erschließen.
Dabei macht Burma es dem Reisenden jetzt leichter als je zuvor. Bis Mitte der neunziger Jahre hatte eine paranoid fremdenfeindliche Regierung den Aufenthalt für Ausländer auf zwei Wochen begrenzt – lange Zeit durfte man sogar nur für eine Woche ins Land – und die Ziele auf wenige Attraktionen beschränkt. Auch war die touristische Infrastruktur so schlecht, dass jede Reise Expeditionscharakter annahm, mit ungewissem Ausgang.
Seither ist vieles besser geworden: Die meisten Landesteile stehen heute Besuchern offen, zahlreiche Hotels und Restaurants bieten steigenden Standard, Unbill und Verzögerungen im Verkehrssystem haben zumindest vorhersehbaren Charakter angenommen.
Geändert hat sich insbesondere auch die Stimmung: An den Schulen wird wieder Englisch unterrichtet, die lange Zeit verpönte Sprache der Kolonialherren, und die Einheimischen können Kontakt zu Ausländern haben, ohne dass sie gleich den Geheimdienst fürchten müssen wie früher. Zudem ist heute entgegen anders lautenden Gerüchten das Tourismusgeschäft zu großen Teilen in privaten, zivilen Händen – der Reisende kann also zu gutem Teil selbst bestimmen, wohin sein Geld fließt.
Allerdings hat es vor allem in den größeren Städten auch zahlreiche Veränderungen gegeben – Neubauten, Werbeschilder, zunehmender Verkehr –, die den Charme des alten Burma bereits mindern: Wer das ursprüngliche „Goldene Land" sehen möchte, sollte bald aufbrechen.
Neben den klassischen Zielen wie der legendären Schwedagon-Pagode in Rangun, den Monumenten von Pagan – eine der größten architektonischen Leistungen der Welt – oder dem idyllischen Inle-See, lohnen besonders die bis vor kurzem geschlossenen, nicht weniger spektakulären Randgebiete.

Traumhaft schön und noch lange nicht überlaufen: Ngapali Beach am Golf von Bengalen

Dazu zählen zum Beispiel die Tempelruinen von Mrauk U nahe der Grenze zu Bangladesch, zahlreiche Bergzüge des berüchtigten Goldenen Dreiecks im Grenzgebiet zu Thailand, Laos und China, viele attraktive und noch kaum erschlossene Strände oder die Urwälder des Rakhine Yoma.
Von größtem Zauber sind Gebiete, die bis vor kurzem noch völlig *off limits* waren und deren Attraktionen auf keinem Tourprogramm stehen – hier gibt es eine Welt zu entdecken, wie man sie anderswo kaum noch finden wird: die Welt von Bauern und Bergvölkern, deren Leben sich in den vergangenen tausend Jahren kaum verändert hat. Menschen, die noch tauschen statt zu bezahlen, die ihre Gebrauchsgegenstände selbst herstellen, unbeirrt ihren alten Ritualen folgen. In einem Kosmos ohne Reklame, ohne Wellblech und Plastik, ohne Elektrizität, der in nicht allzu ferner Zukunft den Geschichtsbüchern vorbehalten sein wird.

Alle Texte des Infoteils und „Skizzen": Rainer Scholz

EINREISE

Touristenvisa berechtigen zu 28 Tagen Aufenthalt und sind drei Monate gültig. Nur bei der Immigrationsbehörde in Rangun können sie für jeweils 14 Tage verlängert werden.
Die Botschaften in Bangkok und Singapur stellen Visa im allgemeinen innerhalb von zwei Werktagen aus, mitzubringen sind mehrere Passfotos. In Europa dauert es länger. Vertretungen der Union Myanmar
in Deutschland: Zimmerstr. 56, 10117 Berlin, Telefon (030) 20 61 57 10, emb.my.berlin@t-online.de **(auch für Staatsbürger Österreichs)**
in der Schweiz: 47 Ave. de Sécheron, 1202 Genf Tel. (022) 906 98 80
in Thailand: 132 North Sathorn, Bangkok 10500, Telefon (02) 233 22 37
in Singapur: 15 St. Martin's Dr., Tel. 67 35 02 09

ANREISE

Tägliche Flugverbindungen nach Rangun von Bangkok und Singapur (Myanmar Airways International, Thai Airways und Silk Air). Von November bis März fliegt Lauda Air direkt von Wien nach Rangun.

REISEN IM LAND

Flugzeug

Die privaten Gesellschaften Yangon Airways und Air Mandalay steuern fast alle touristischen Ziele an. Die Preise liegen auf europäischem Niveau, der Service darunter. Tickets sind in den vielen Reisebüros in Rangun sowie in fast allen Hotels erhältlich, jedoch nur gegen US$ in bar. Die staatliche Myanma Airways (nicht identisch mit Myanmar Airways International) zählt zu den schlechtesten Fluglinien der Welt, ist aber bei einigen Zielen die einzige Option. Tickets müssen am Tag vor der Reise im lokalen Airlinebüro gebucht und bar bezahlt werden.
Air Mandalay:
www.airmandalay.com
Yangon Airways:
www.yangonair.com

Bus

Die weitaus preiswerteste Art des Reisens, da in Kyat zu bezahlen, aber langsam und

INFO | INHALT

INFO | LEGENDE

Verwaltungstechnisch ist Burma in sieben Unionsstaaten und sieben Provinzen geteilt – der leichteren Übersicht wegen haben wir sie zu vier großen Gebieten zusammengefasst. Die Planquadrate der Adressen beziehen sich auf die MERIAN-Karte (S.131-133). Pläne von Rangun, Mandalay und Pagan befinden sich auf der Rückseite der Faltkarte zum Herausnehmen.

Alle Adressen im Info-Magazin sind MERIAN-Empfehlungen. Die Adressen mit dem MERIAN- M zeichnen sich durch ein hervorragendes Preis-/Leistungsverhältnis aus.
M sehr gut
M M herausragend
M M M nicht zu übertreffen

Preiskategorien Hotels:
€ DZ bis 20 €
€ € DZ 20-50 €
€ € € DZ 50-150 €
€ € € € DZ über 150 €

Preiskategorien Restaurants:
€ bis 2 €
€ € 5 €
€ € € bis 10 €
€ € € € darüber

Landesdaten

Einwohner: ca. 48 Mio.
Bev.dichte: 73 Ew./km²
Bevölkerungszuwachs: 1,8 %
Durchschnittseinkommen: 150 €/Jahr
Urbanisierung: 25 %
Lebenserwartung: 57 Jahre
Alphabetisierung: 84 %
Religion: Theravada-Buddhisten (88,8 %), Christen (4,6 %), Moslems (3,9 %), Hindus (0,4 %), Animisten (2,2 %)
Volksgruppen und Sprachen: über 100, davon ca. 60 % Burmanen/Burmanisch
Fläche: 678 528 km², davon bewaldet 43 %
Hauptstadt: Rangun (ca. 4 Mio. Ew.), andere Städte: Mandalay 1 Mio. Ew.), Sittwe (0,5 Mio.Ew.)
Längster Fluss: Irrawaddy, 2170 km
Höchster Berg: Hkakabo Razi, 5881 m
Grenzen zu China, Laos, Thailand, Bangladesch, Indien

Ortsnamen

Die Transkription des Burmesischen ins lateinische Alphabet ist nicht immer einheitlich: der gleiche Ort findet sich deshalb in verschiedenen Varianten.

meist unkomfortabel. Warme Jacke ins Handgepäck nehmen (Klimaanlage!). Es gibt staatliche und – bessere – private Unternehmen. Tickets für längere Strecken besser am Tag vor der Reise kaufen.

Eisenbahn

Staatlich und für Ausländer nur gegen US$, deshalb vergleichsweise teuer. Züge wie Gleise museal. Aber ein Erlebnis.

Auto

Touristen dürfen nicht selbst steuern, zum Mietwagen gehört daher stets der Fahrer. In Rangun gibt es lizensierte Tourguides, die gut Englisch sprechen, Land, Sehenswürdigkeiten, Hotels und Restaurants kennen und meist vorzüglich fahren. Wegen der relativ hohen Preise für Flüge, Zug- und Schiffstickets lohnenswert, wenn man zu zweit reist und in kurzer Zeit viel sehen will. Nachteil: Das Militär erlaubt diese Dienste nur im touristischen Kernland. Rechtzeitige Anmeldung ist vor allem in der Hauptsaison wichtig. Richtwert sind 40 US$/Tag inklusive Sprit und Maut, doch zuzüglich Unterkunft und Verpflegung für den Fahrer. Viele Hotels bringen jedoch lizensierte Guides umsonst unter. Besonders empfohlen:
Kyaw Naing, Zayar Moekyaw, Kyaw Kyaw Win, alle über Tel. 098 02 11 80
kn-ygn@myanmar.com.mm

Schiff

Der Schiffsverkehr ist eine Attraktion für sich. Viele Touristenziele sind mit Dampfer oder Schnellboot zu erreichen. Die Preise – in US$ – variieren je nach Ausstattung stark, liegen aber meist über den Lufttarifen. „Road to Mandalay" ist der Luxusdampfer der Orient-Express-Gesellschaft, der über Pagan und Mandalay bis nach Bhamo verkehrt. Preiswerter, aber immer noch sehr komfortabel ist die „Pandaw" zwischen Mandalay, Pagan und Rangun; noch günstiger die „Irrawaddy Princess" zwischen Mandalay und Pagan.
www.orient-express.com
www.pandaw.com
www.myanmars.net/barani
Ein Schnellboot verbindet Taunggok bei Ngapali mit Kyaukpyu, Sittwe und Mrauk U. Tickets kurz vor Abfahrt in den jeweiligen Orten bzw. in Ngapali.
Zwischen Rangun und Pathein fährt die „Delta Queen" auf sehr reizvoller Wasserstrecke. Von Pathein aus Anschluss zu den Stränden von Ngwe Hsaung und Chaungtha.
www.myanmar-rivercruises.com
In romantischen vier Stunden gelangt man von Pa-an nach Mawlamyaing. Tickets vor Abfahrt an den Piers.
Der staatliche Linie Myanmar Inland Water Transport bedient mit eher unkomfortablen Dampfern sämtliche Binnenstrecken. Tickets einen Tag vorher in den Büros am Startort. Erste Klasse ist zu empfehlen.
Myanmar Inland Water Transport, Rangun, Strand Rd./Pansodan St., Tel. (01) 29 57 38

Lokaltransport

Außerhalb Ranguns sind Taxis selten, Metertaxis in Burma unbekannt. Preis vorher aushandeln. Für kurze Strecken ist die Fahrradrikscha vorzuziehen, die in Burma „Sidecar" heißt.

AKTUELLE INFORMATIONEN

Zahlungsmittel

Nehmen Sie genügend US$ mit. Der Euro ist in Burma nahezu unbekannt, bargeldlose Zahlungsmittel werden nicht akzeptiert. In Dollar zu zahlen sind Hotels, Flug-, Bahn- und Schiffstickets. In der Landeswährung Kyat bezahlt man in Restaurants, für Busse, Taxis, Rikschas sowie Einkäufe mit Ausnahme von Schmuck und Edelsteinen. Fast alle Hotels und Tourguides sind zum Schwarztausch bereit, die Kurse schwanken stark; die besten erhält man an Ranguns Sule-Pagode, auf dem Aung San-Markt oder vor der Myanmar Foreign Exchange Bank. Am besten in Rangun ausreichend Kyat einkaufen. In den letzten Zügen liegt die für den Fremdenverkehr eingeführte Währung FEC (Foreign Exchange Certificate): Als einzige Währung vor Ort gegen Kreditkarte oder Travellerscheck erhältlich, ließ sich der Kurs von 1:1 zum US$ nicht halten.
Myanmar Foreign Exchange Bank, Rangun , Mahabandoola Garden St. *Mo-Fr 9-13 Uhr*

Telefon

Einfuhr von Handys ist verboten, das Festnetz funktioniert schlecht. Die internationale Vorwahl für Burma ist 0095, Rangun hat die nationale Vorwahl 01, Mandalay 02. Die 0 ist innerhalb Burmas vorzuwählen.

Auslandsvertretung

Die deutsche Botschaft ist auch für Österreicher zuständig.
Rangun, 9 Bogyoke Aung San Museum Rd., Telefon (01) 54 89 51-53, Fax 54 88 99
post@botschaftrangun.net.mm
Mo-Fr 9-12 Uhr

Information

Myanmar Tourist Board
c/o Indochina Services, Enzianstraße 4 a, 82319 Starnberg, Tel. (081 51) 77 02 22
www.indochina-services.com

Gesundheit

Für Exkursionen in die Außengebiete ist eine gut bestückte Reiseapotheke unerlässlich. Empfehlenswert sind Impfungen gegen Diphterie, Polio und Hepatitis A. Für evtl.weitere Impfungen/Risikogruppen Tropenarzt konsultieren. Wegen Resistenzen ist Malariaprophylaxe nur bedingt zu trauen, bei plötzlichem Fieber oder grippeartigen Symptomen noch Wochen nach Ausreise sofort testen! Malaria-Diagnose und Therapie sind auch in Burma verlässlich.
Akzeptablen Behandlungsstandard bieten im Notfall:
Myanmar SOS International Ltd., Rangun, The New World Inya Lake Hotel, 37 Kaba Aye Pagoda Rd., Tel. (01) 66 78 71, *tgl. 24 h*

DATEN | WETTER

Mandalay	Jan.	Feb.	März	Apr.	Mai	Juni	Juli	Aug.	Sept.	Okt.	Nov.	Dez.
Durchschnittl. Temp. in °C Tag	28	32	36	38	37	34	34	33	33	32	30	28
Durchschnittl. Temp. in °C Nacht	13	15	19	24	25	26	26	25	24	23	19	14
Durchschnittl. Niederschlag in mm	5	3	0	38	145	130	79	132	155	185	38	8

Burma kennt, bedingt durch den Monsun, drei Jahreszeiten: eine kühle (Oktober bis Februar), eine heiße (März bis Mai) und die Regenzeit (Mai/Juni bis Oktober). Von November bis Februar ist Hauptsaison: landesweit sonnig und trocken, tags warm, nachts je nach Region kühl bis eisig. Von März bis Juni ist es sehr heiß, gut an den Stränden im Süden und Westen, schlecht für Zentral-Burma. Von Juni bis Oktober unberechenbare Niederschläge v. a. an den Küsten und im Irrawaddy-Delta.

MERIAN-orbit

Umschlossen von einem grünen Ring – so zeigt sich Burma aus 705 km Höhe. Im Norden sind es Himalaya-Ausläufer, im Westen die Berge des Rakhine Yoma und im Osten das große Shan-Plateau, die das Land gegen die Nachbarn abschirmen und zu seiner jahrhundertelangen Isolation beitrugen. Vom Norden schlängelt sich der Irrawaddy durch das trockene Flachland und fächert sich im Südwesten in einem rund 200 km breiten Delta auf.

Rangun Medical Center, Dhamazedi Rd. gegenüber Savoy Hotel, Tel. (01) 52 48 51, *tgl. 24 h, auch Zahnbehandlungen*

Reiseveranstalter

Indochina Services
Südostasien-Spezialist mit umfangreichem Burma-Programm.
Rangun, 8 West Maykha Lane
Tel. (01) 66 17 24
Fax 65 10 02
info@is-myanmar.com
www.indochina-services.com

Myanmar Travel & Tours
Das Staatsunternehmen kann nicht viel Staat machen, hat aber das Monopol auf einige Touren in nicht regulär geöffnete Regionen.
Rangun, 77-91 Sule Pagoda Rd., Tel. (01) 37 42 81, Fax 25 44 17, mtt.mht@mptmal.net.mm, www.myanmars.net.mtt

Uniteam
In Burma ansässiges deutsches Unternehmen mit besten Verbindungen.
Rangun, 289a Pyay Rd.
Tel. (01) 70 86 99
Fax 52 62 92 travel@bayview.com.mm, www.uniteam-travel-myanmar.com

Woodland Group of Companies
Eines der größten einheimischen Unternehmen; z. B. Touren zum Alaungdaw Kathapa Naturschutzpark.
Rangun, 422/426 Strand Rd.
7 FJV Commercial Center, Tel. (01) 20 20 71, Fax 20 20 74
woodlandtravels@mptmail.net.mm, www.woodlandgroups.com

Bo-Tree Travel
Der Deutsche Axel Bruns lebt seit Jahren in Burma und bietet maßgeschneiderte Touren an.
Rangun, 170-176 Bo Aung Kyaw St., MGW Centre, Room 608, 6th Floor, Botataung Township, Tel. und Fax (01) 25 68 92, BoTree@mptmail.net.mm, www.bo-treetravel.com

BÜCHER

Der Weg zur Freiheit
Aung San Suu Kyi, Lübbe, 1997, 8,45 €. Gespräche mit der Friedensnobelpreisträgerin.

Der Glaspalast Amitav Ghosh, btb/Goldmann, 2002, 12 €. Fesselnder Roman, der von der Vertreibung des letzten Königs bis in die heutige Zeit führt.

Burma Thomas Höllmann, Achim Bunz, Hirmer, 1996, 51 €. Bildband, konzentriert auf das sakrale Burma.

Nelles Guide Myanmar
Helmut Köllner, Axel Bruns, 2000, 13,90 €. Gute Kapitel zu Kultur und Geschichte, gute Karten.

Golden Earth
Norman Lewis, Eland Books, 2003, ca. 14 €, englisch. Der große Reiseschriftsteller unterwegs im Burma der fünfziger Jahre.

Ludwig, Klemens, Birma, Beck'sche Reihe Länder, C.H. Beck, 1997,9,90 €. Geschichte, Politik, Kultur, Alltag: die perfekte Einführung.

Lonely Planet Myanmar
Steven Martin, Mic Looby, Michael Clark, Joe Cummings (Burma), 2002, 26,80 €. Umfangreich,Pagan-Kapitel mit Tempel-Skizzen. Auf Deutsch im Stefan Loose Verlag.

Tage in Burma George Orwell, Diogenes, 1982, 10,90 €. Koloniales Burma, meisterhaft geschildert.

MERIAN | TIPP

Mit **www.merian.de**, dem Online-Reiseportal von MERIAN, nach Myanmar reisen sowie zu über 5000 attraktiven Zielen weltweit in der MERIAN-Reiseziel-Datenbank. Mit detaillierten Informationen aus der MERIAN-Familie und vielen Extras.

MERIAN | TIPP

Goldener Fels

Der legendäre Kyaiktiyo zählt mit Schwedagon und Mahamuni zu den drei höchstverehrten Stätten Burmas. Ein zierlicher Zedi thront auf einem komplett vergoldeten Felsen. Er sitzt so wackelig auf einem schmalen Sims über dem Abgrund, dass man ihn mit einer Hand schaukeln kann – angeblich hält ein Haar Buddhas im Zedi auf ewig das Gleichgewicht. Der Legende nach vermachte ein Einsiedlermönch das Haar im 11. Jh. dem Alchimistenkönig Tissa; Bedingung: Er müsse es auf einem Felsen platzieren, der dem Kopf des Mönchs ähnle. Der König fand auf dem Meeresgrund einen geeigneten Felsblock und transportierte ihn in einem magischen Boot auf den Kyaikto-Berg. Danach versteinerte das Boot zur 300 m entfernten Kyaukthanban, der „Stein-Boot-Stupa." Für Nichtgläubige macht weniger der Fels den Reiz des Ortes aus als die ungeheure Verehrung, die die Burmesen ihm erweisen. Und die wunderschöne Landschaft ringsum: dicht bewaldete Berge, in deren Mitte der „Golden Rock" seine magische Ausstrahlung entfaltet, vor allem bei Sonnenauf- und -untergang.
Die Anreise ist mühsam. Ab dem 12 km entfernten Kinpun sind Fahrzeuge nicht erlaubt, man kann laufen oder den Kyaiktiyo-Lkw nehmen. Aber auch damit kommt man nicht bis zur heiligen Spitze; die letzte halbe Stunde heißt es gehen oder sich in der Sänfte tragen lassen. (D 10)

Pagodenzeit

Pagoden sind im allgemeinen zwischen 4 und 21 Uhr geöffnet, an Festtagen aber auch länger oder sogar rund um die Uhr.

Mawlamyaing sieht aus, als seien die Briten erst gestern abgezogen

RANGUN UND DER SÜDEN

(C/D 10) Rangun

Eine der schönsten Städte Asiens, von Hochhauskomplexen bisher mangels Geld weitgehend verschont. Der alte Kern blieb seit Abzug der Briten fast unberührt. Die Wohnhäuser sind abenteuerlich verfallen, die großen viktorianischen Verwaltungsbauten wurden renoviert. Um die Altstadt schließt sich ein Gürtel aus Parks, Seen, Pagoden und Villen.

Bogyoke Aung San-Markt

s. S. 128 (Shopping)

Bogyoke Aung San-Museum

Hier wohnte der Unabhängigkeitsheld, hier kam auch seine nunmehr berühmtere Tochter zur Welt.
Bogyoke Aung San Museum Rd.
Di-So 10-15.30 Uhr

Botataung-Pagode

Eine der populärsten Pagoden Ranguns. Das Original war den 1000 Offizieren („Botataung") gewidmet, die Buddha-Relikte aus Indien nach Burma gebracht haben sollen, und wurde im Zweiten Weltkrieg zerstört. Innen Spiegelmosaike und Artefakte aus der Reliquienkammer des zerstörten Zedi.

Mahavizaya-Pagode

Die wohlproportionierte und schwer vergoldete Pagode ließ Diktator Ne Win bauen.

Märtyrer-Mausoleum

Gedenkstätte für den Freiheitshelden Aung San und die beim Attentat 1947 mit ihm getöteten Offiziere. Das Mausoleum selbst ist nur am 19. Juli, dem Jahrestag, geöffnet. Von der Parkanlage guter Blick auf Schwedagon und die Stadt.
Arzarni Rd. *Anlage 9-17.30 Uhr*

Myanmar Drug Elimination Museum

In diesem brandneuen Museumskomplex wird der Kampf der Regierung gegen das Drogenunwesen dokumentiert und unfreiwillig einiges über die fragwürdige Rolle der Streitkräfte verraten.
Hanthawaddy/Ecke Kyundaw St.
Di-So 9-16 Uhr

Nationalmuseum

Schlecht präsentierte und beschriftete Exponate. Es gibt einige herausragende Stücke wie den acht Meter hohen Thron des letzten Königs.
Pyay Rd., Tel. (01) 28 25 63
Di-So 10-15 Uhr

Sule-Pagode

Im Zentrum eines tosenden Kreisverkehrs gelegen. Wahrscheinlich eine Schöpfung des Mon-Volkes. Ungewöhnlich ist der achteckige Zedi, der wohl für die acht vorbuddhistischen Wochentage steht. Der Name stammt vom Sule-Nat, dieser Geist steht auch im meistbesuchten Schrein. In kleinen Zellen um die Basis arbeiten Wahrsager und Fotografen. Prophezeit wird auch auf Englisch, fotografiert schwarzweiß mit Plattenkamera.

(D 10) Bago

Heute nur noch Knotenpunkt an Burmas wichtigster Verkehrsader. Doch seit seiner Gründung 573 n. Chr. spielte Bago lange Zeit eine bedeutende Rolle als Hauptstadt von zwei großen Mon-Reichen.

Kanbawzathadi-Palast und Museum

Vom ursprünglichen Palast aus dem 16. Jh. gibt es nur die Grundmauern, auf die ein Nachbau aus Beton und Blech gestellt wurde. Alte Quellen berichten von gewaltigen Teakpfosten und einem siebenstöckigen Dach aus Goldziegeln. Im Museum Buddhafiguren und archäologische Funde.
Mi-So 9-16 Uhr

Kha Khat Wain Kyaung

Mit rund 1500 Mönchen eines der größten Klöster. Ein schönes Bild, wenn sie gegen Tagesanbruch in langer Reihe zum Almosensammeln aufbrechen.

Schwegugale-Pagode

Erbaut 1494. Es gibt einen bemerkenswerten Tunnel rund um den Zedi mit 64 Buddhas aus mehreren Epochen.

Schwemawdaw-Pagode

Burmas höchster Sakralbau (114 m), wohl mehr als 1000

Jahre alt und damit eines der ältesten Monumente Burmas. In die Basis integriert ist die Spitze eines früheren Baus, die bei einem Erdbeben 1917 abfiel: Illustration der buddhistischen Lehre von der Vergänglichkeit menschlichen Strebens.

Schwethalyaung-Buddha
Einer der schönsten Buddhas – leider in einer hässlichen Wellblechhalle: 55 m lang, 16 m hoch, im Jahr 994 gefertigt, danach mehrmals restauriert; nach der Zerstörung Bagos 1757 vergessen, um 1880 bei Bauarbeiten wiederentdeckt.

(D/E 10) Mawlamyaing
Wunderbar zwischen pagodengesäumten Hügeln, dem Meer und der Mündung des Thanlwin-Flusses gelegen, mit Palmen, modrigen Teakbauten und bröckelnden Moscheen. Die meisten Bewohner sind Mon, Touristen noch sehr selten.

Ne Wins Pagode: Der Diktator engagierte sich für den Bau der Mahavizaya Paya in Rangun

ZENTRAL-BURMA

(C 9) Pyay
Kleine Provinzstadt, einst Zentrum eines großen Reiches und unter den Briten wichtiger Handelsumschlagplatz.

Schwesandaw-Pagode
Der im klassischen, wuchtigen Paganstil gebaute und vergoldete Zedi wird hoch verehrt, weil er angeblich mehrere Haare Buddhas birgt. Großartiger Blick über die Stadt und zur Sehtatgyi-Pagode mit einem kolossalen, 70 m hohen sitzenden Buddha.

Sri Ksetra
Hauptstadt eines der ältesten Großreiche Südostasiens, gegründet vermutlich zu Beginn unserer Zeitrechnung von den tibeto-burmanischen Pyu. Die wenigen Funde belegen Kontakte zu Indien und China. Sri Ksetra (wenige Kilometer von Pyay) umgab eine Mauer, die den Burmanen nicht standhielt: Geblieben sind wenige morbide und zum Teil überwachsene Zedis. Zwischen Reisfeldern in Senken gelegen, sind die meisten ohne Führer kaum zu finden. Nur die zylindrische, fast 50 m hohe Payagyi liegt an der Hauptstraße. Ähnlich groß sind Payama und die wehrturmartige Bawbawgyi, die als älteste gilt (6. Jh.). Die spätere Bebe-Pagode war wohl Vorbild für die Tempel Pagans. Innen ist ein Sandsteinrelief der Pyu erhalten. Ein kleines Museum zeigt Fundstücke der Region.
Pyay Museum *tgl. 8-18 Uhr*

(D 9) Taungoo
Anfang des 16. Jh. Residenz des Kriegerkönigs Tabinshwehti, bevor dieser ins strategisch günstigere Bago umzog. Aus der ruhmreichen Epoche ist nur die Bedeutung als Teak-Umschlagplatz geblieben. Im Westen und Osten der Stadt: die weltgrößten Teakvorkommen.

(C/D 6) Mandalay
Burmas letzter, erst 1857 begründeter Herrschersitz wurde 1885 von den Briten erobert und geplündert; die verbliebenen Schätze fielen zu einem großen Teil im 19. Jh. Bränden zum Opfer, weil die Stadt weitgehend aus Holz gebaut war. Der Wandel seit den achtziger Jahren (Waffenstillstandsabkommen mit verschiedenen Minoritäten, Grenzöffnungen) zog chinesische Investoren an, die nach der Devise „quadratisch, praktisch, Beton" bauten. Dennoch schlägt hier schlägt das Herz der burmanischen Kultur; 60 Prozent aller burmesischen Mönche leben in und um Mandalay. Im Umkreis liegen die Schwesterstädte Amarapura (Hauptstadt 1783-1823 und 1841-57), Inwa (mit vielen Unterbrechungen Kapitale von 1364-1841), Mingun (als Nachfolgerin von Mandalay geplant) und Sagaing (Hauptstadt 1315-64 und 1760-64). Die häufigen Wechsel zeigen, wie sehr die Herrscher von

SCHWEDAGON-PAGODE

Leuchtende Seele

Nirgendwo ist man dem Wesen Burmas näher

Von einem „goldenen Wunder" sprach Rudyard Kipling – und wer für Rangun nur einen Tag Zeit hat, sollte ihn hier verbringen, im Mittelpunkt des burmesischen Universums. Der Legende nach entstand Shwedagon Paya, die Goldene („shwe") Pagode auf dem Dagon-Hügel, bereits kurz nach Buddhas Tod. Historiker gehen davon aus, dass ihr Grundstein zwischen dem 6. und 10. Jahrhundert gelegt wurde. Ihre jetzige Gestalt erhielt sie 1769 beim Ausbau nach einem Erdbeben – nur der Goldbelag ist seither noch dicker geworden. 98 Meter hoch ist die goldene Spindel des Hauptzedi; tief in ihm sollen acht Haare des Buddha aufgehoben sein, die er noch zu Lebzeiten spendete. Als sie in die heute verborgene Reliquienkammer gebracht wurden, habe es „Edelsteine gehagelt, bis sie kniehoch standen, und alle Bäume des Himalaya trugen Blumen und Früchte".

Der heiligste Ort Burmas – und für viele Burmesen auch der schönste der Welt

Mindestens einmal im Leben Schwedagon besucht zu haben ist Ehrensache für jeden buddhistischen Burmesen, gleich wie arm er ist oder wie weit entfernt er lebt. Es ist tatsächlich eine Form von buddhistischem Sozialismus, wie sich hier größter Reichtum konzentriert, um aller Augen zu erfreuen: 53 Tonnen Goldbelag und Abertausende Edelsteine hoch oben am Schirm (Hti), der gekrönt ist von einem 76-karätigen Diamanten.
Vier Aufgänge führen hinauf, einer aus jeder Himmelsrichtung. Auf der Hauptplattform rund um die Basis des großen Zedi begann 1920 ein Studentenprotest, der in die Unabhängigkeit mündete, auch war Schwedagon der Schauplatz von Aung San Suu Kyis erster öffentlicher Rede. Burmas Reichsgründer König Anawrahta muss hier vor knapp 1000 Jahren gestanden haben und fast alle seine Nachfolger ebenfalls. Wenn die Seele des Landes einen Ort hat, dann diesen.
Der Rundgang, traditionell immer im Uhrzeigersinn, führt an einer Vielzahl kleinerer Zedis, Hallen, Pavillons, Statuen, Schirmen sowie den obligaten Wochentags- und Sternzeichenschreinen vorbei, die den Hauptzedi wie ein schützender Wald umringen und mit ihren zahllosen Details ebenso verwirren wie unterhalten. Am schönsten ist ein Besuch vor Sonnenaufgang: Noch in nächtlicher Kühle finden sich die Frömmsten zum Morgengebet ein, mit dem Licht werden allmählich die Besucher mehr, Vögel lösen die Fledermäuse ab, und schließlich, mit den ersten Sonnenstrahlen, geht das Funkeln des Zedi von tiefem Rot in gleißendes Gold über.

STRÄNDE

Das Robinson-Gefühl

Burmas Strände müssen erst entdeckt werden

Unterbewertet und weitgehend unbekannt sind Burmas lange Küsten. An den schier endlosen und reizvollen Stränden wird sich wahrscheinlich erst die nächste Besuchergeneration richtig freuen – wer aber jetzt schon die Reise zu goldenen Pagoden mit einigen Tagen an silbernen Stränden kombiniert, hat es um so schöner.
Das mit dem Flugzeug gut erreichbare Ngapali (B 9) hat sich bereits als Urlaubsort etabliert. Es gibt zwei lange, geschwungene Buchten mit feinem Sand, glasklarem Wasser und viele Hotels und Restaurants mehrerer Preisklassen. Allerdings bleiben die Ausländer unter sich – für die meisten Burmesen ist die Reise zu teuer. Das neue Ziel Kanthayar (B/C 10) im südlichen Rakhine, kleiner als Ngapali, aber genauso schön, erreicht man von Rangun aus in zwei bis drei Tagen mit dem Bus. Die Taxifahrt ist etwas kürzer. Hier entstehen derzeit Resorts für Menschen, die gern still und abgeschieden urlauben.

Strand ohne Fußspuren: Kanthayar im Süden Rakhines

Am Ngwe Hsaung (Silver Beach) (B 10) westlich von Pathein, dem schönsten der erschlossenen Strände, wurden im Jahr 2002 zwei Dutzend Hotelanlagen mittlerer und gehobener Preisklasse eröffnet. Einheimische Oberschichtfamilien machen hier neben internationalen Pauschaltouristen Urlaub – mit diversen Lärmsportarten wie Jet Ski. Zum Essen kann man leider nur die nicht immer zu lobenden Hotelrestaurants aufsuchen.
Einige Kilometer nördlich liegt der palmengesäumte Strand von Chaungtha (B 10). Hier trüben allerdings die Sedimente einer nahen Flussmündung das Wasser in unmittelbarer Strandnähe: Wer Klarsicht will, muss rausschwimmen. Atmosphärisch jedoch ist Chaungtha toll. Im Fischerdorf gibt es preiswerte, gemütliche Restaurants, und ein steter Strom einheimischer Besucher hat preisgünstige Unterkünfte entstehen lassen. An den Topstrand Maungmagan (E 12), eine halbe Stunde vom Flughafen Dawei entfernt, kommen bisher nur Einheimische am Wochenende. Der Strand ist lang, flach, ruhig, mit Palmen und Casuarinas bestanden. Gäbe es eine Straße, wäre Hua Hin, der mondäne Badeort des thailändischen Königs, nur einige Stunden entfernt. In Maungmagan muss man sich vorerst mit Holzbungalow, Ziehbrunnen und Gaslaterne zufrieden geben. Wer auf Komfort pfeift und Ursprünglichkeit sucht, wird hier glücklich.
Noch völlig unerschlossen ist die Insel Yanbye (B 8/9) zwischen Ngapali und Sittwe: lange Strände, nette Fischersleute. Es gibt eine Flugverbindung, und die Küstenboote nach Norden machen hier Zwischenstopp. Zu übernachten ist Touristen leider nicht gestattet – noch nicht.

U Bein's Brücke wirkt fragil, hält aber seit mehr als 200 Jahren

Wahrsagern und Palastintrigen getrieben waren. Vom einstigen Glanz der Städte ist wenig geblieben, sie bilden aber einen schönen Kreis von pagodenbesetzten Hügeln.

Atumashi Kyaung
1857 für die Mönche des Königs errichtet, sollte es das prachtvollste Kloster der buddhistischen Welt werden. Der Hauptbuddha, aus Lack und mit einem Diamanten in der Stirn, verschwand nach der britischen Eroberung. Später brannte der Bau bis auf die Stümpfe der Teakpfeiler ab.

Mahamuni-Pagode
Der vier Meter große sitzende Mahamuni ist der höchstverehrte Buddha Burmas und einer der ältesten der Welt. Die Burmanen raubten ihn 1784 aus Rakhine. Über die Jahrhunderte haben Gläubige den Körper mit einer dicken Schicht Blattgold überzogen. Wer um vier Uhr früh kommt, sieht, wie Mönche dem Mahamuni die Zähne putzen. Zur Kriegsbeute zählten auch sechs exquisite Bronzefiguren in einem kleinen Gebäude des Klosterhofs. Sie stammen aus der kambodschanischen Tempelanlage Angkor und sind ein Zeugnis aus der Blütezeit der Khmer-Kunst.

Mahamuni Quarter
Im Viertel südlich der Mahamuni-Pagode fertigen traditionelle Handwerksbetriebe Buddhastatuen, Glocken, Gongs, Holzskulpturen und Fächer.

Mandalay Fort and Palace
Ehemals eines der großen Bau-Wunder Südostasiens, wurde der Sitz der letzten burmanischen Dynastie im Zweiten Weltkrieg Opfer eines britisch-indischen Artillerieangriffs und brannte fast ganz ab. In den neunziger Jahren wurde er „nachempfunden" – mangels Geld und Kompetenz aus Beton und Aluminium, mit deprimierendem Ergebnis. Erhalten und imposant wie ehedem ist die Festungsanlage: ein Quadrat von 2 km Seitenlänge, umgeben von dicken Mauern, mit drei Toren und acht Wachtürmen an jeder Seite. Rundum ein 70 m breiter Wassergraben. Bis auf den Palast ist das Gelände heute dem Militär vorbehalten und für Besucher gesperrt. Von den Ecken des Wassergrabens werden die Ausmaße des Komplexes deutlich.
tgl. 8-17 Uhr

Mandalay Hill
236 m hoch, überragt der Hügel die Ebene von Mandalay und bietet einen grandiosen Blick bis zu den Shan-Bergen. Man kann hinauffahren oder rund 1700 Stufen steigen. Ein Schrein auf halber Höhe birgt drei mutmaßliche Knochen Buddhas. Knapp unter dem Gipfel weist der Schweyattaw-Buddha mit ausgestrecktem Arm auf Mandalay. Ein PR-Trick des Stadtgründers König Mindon: Als er 1857 die Hauptstadt von Amarapura nach Mandalay verlegte, behauptete er, Buddha habe bei einem Besuch an dieser Stelle prophezeit, 2400 Jahre nach seiner Erleuchtung werde zu Füßen des Hügels eine großartige Stadt entstehen.

Mandalay Museum
Mäßig bestückt, vor allem mit Besitztümern der beiden letzten

burmesischen Könige Mindon und Thibaw.
24th/80th St. *Mi-So 10-16 Uhr*

Kuthodaw-Pagode
Das „größte Buch der Welt" auf 729 Marmortafeln um einen zentralen Zedi, jede wieder durch einen eigenen Zedi geschützt. In feinsten Zeichen ist hier der gesamte Text des buddhistischen Kanons, der Tripitaka, eingemeißelt. 1900 ging das Werk in Druck – es ergab 38 Bände zu 400 Seiten.

Kyauktawgyi-Pagode
Es heißt, 10 000 Männer hätten 13 Tage gebraucht, um den gewaltigen Marmorblock, aus dem der große sitzende Buddha geschnitten wurde, vom Kanal zum Kloster zu schleppen. An jeder seiner Seiten stehen 20 Figuren: die 80 erleuchteten Schüler des Meisters.

Sandamani-Pagode
Zum Gedenken an den Bruder König Mindons gebaut, der an dieser Stelle Opfer eines Attentats wurde. Der Hauptbuddha wurde 1802 in Amarapura aus Eisen gegossen – ein für solche Figuren ungewöhnliches Verfahren. 1913 wurden 1774 Marmortafeln mit Kommentaren zur Tripitaka als Ergänzung zur Kuthodaw-Pagode aufgestellt.

Schwenandaw Kyaung
Originalgebäude des Palasts. Ursprünglich war es das Wohngemach König Mindons und wurde nach seinem Tod 1878 auseinander genommen und außerhalb des Palastes wieder zusammengesetzt. Das Gebäude bedecken feinste Schnitzereien, einst war es auch vergoldet und mit Glasmosaiken verziert. Die äußeren Schnitzereien sind verwittert, aber der Innenraum lässt die einstige märchenhafte Schönheit ahnen.

Hsinbyume-Pagode
Reizvoller Sakralbau: Das Sinnbild des heiligen Meru-Berges (in der buddhistischen Mythologie Zentrum der Welt) wurde 1816 zu Ehren der Prinzessin Hsinbyume ganz in Weiß errichtet. Die sieben Terrassen um den Hauptbau stellen die sieben Gebirgszüge rund um Meru dar. In Nischen auf jeder Terrasse: die mythischen Monster, die Meru bewachen.

Amarapura
Kyauktawgyi-Pagode
Schöne Pagode von 1847 mit gut erhaltenen Fresken; ist von Amarapura aus über U Bein's Brücke zu erreichen.

U Bein's Brücke
Berühmte 1200 m lange Brücke mit 984 Pfosten. Sie entstand Ende des 18.Jh. ausschließlich aus Teakpfeilern, die zuvor das Palastgebäude von Inwa und Sagaing trugen; benannt nach U Bein, dem weisen Verwalter des Königs.

Pagode in Sagaing: Ein Busen war Vorbild, sagt das Volk

Inwa
Bagaya Kyaung
Eines der wenigen erhaltenen Klöster ganz aus Teak. 1834 auf 267 Pfeilern errichtet.

Mingun
Mingun-Pagode
Es sollte die größte Pagode der Welt werden, 150 m hoch (s. S. 118). Von 1790 bis 1819 schufteten Tausende von Sklaven nur an der Basis, dann starb der Auftraggeber, König Bodawpaya. Die Basis wurde bei einem Erdbeben 1838 stark beschädigt und zählt doch zu den großartigsten Bauten des Landes. Schon die Anfahrt lohnt (nur per Boot) und der fantastische Ausblick über den Irrawaddy.

Mingun-Glocke
Für seine gewaltige Pagode, wünschte sich der König eine Glocke. Sie ist die weltgrößte intakte Glocke: 4 m hoch, 5 m im Durchmesser und 90 Tonnen schwer.

Sagaing
Kaunghmudaw-Pagode
Die 46 m hohe strahlend weiße Halbkugel entstand nach einem Vorbild auf Sri Lanka, wegen der Form behauptet der Volksmund aber, eine gut ausgestattete Königin habe Modell gestanden.

(C 7) Pagan
Die Ebene mit tausenden Tempelruinen – Reste des ersten großen burmanischen Königreichs – ist Burmas bedeutendste kulturhistorische Stätte. Die folgenden Monumente sollten Teil jeder Tour sein, sind aber viel besucht und oft von Souvenirhändlern umlagert. Es lohnt vor allem zu Sonnenauf- und -untergang, einen weniger bekannten Bau zu besuchen, um ungestört die großartige Atmosphäre zu genießen.

Alt-Pagan
Ananda Ok Kyaung
Das einzige gut erhaltene Kloster. Das Leuchten der Fresken im Innern sieht man nur mit Halogen- oder LED-Taschenlampe.

Ananda-Tempel
Etwa 1105 fertig gestellt, gilt der Bau in seiner Vollkommenheit als Maßstab für alle Nachfolger. Der Grundriss hat die Form eines griechischen Kreuzes. Von den vier Buddhas in der Innengalerie sind nur die nach Süden und Norden noch originale Figuren. Bemerkenswert sind die gewaltigen Holzportale sowie 554 glasierte Reliefflíesen mit Szenen aus dem Leben Buddhas.

Bupaya
Gilt als ältester Bau, entstanden ca. 850. Er fiel beim Erdbeben 1975 in den Fluss und wurde neu zusammengesetzt.

Festkalender

4. Januar Unabhängigkeitstag.
10. Januar Kachin State Day. In Myitkyina findet ein großes Manao statt, das traditionelle Fest der Kachin, mit Tanz, Gesang und geschlachteten Büffeln als Opfer für die Geister (D 4).
Januar/Februar, Vollmond Das chinesische Neujahr feiern nicht nur die Chinesen in Burmas Städten, sondern auch viele Bergstämme. Staatlich organisierte Touren z. B. zu den Nagas an der indischen Grenze.
12. Februar Tag der Union.
2. März Tag des Bauern.
27. März Tag der Streitkräfte. Paraden und Feuerwerke im ganzen Land.
Februar /März, Vollmond Schwedagon-Fest. Größtes Pagodenfest im Land, zahlreiche Veranstaltungen an der Schwedagon-Pagode in Rangun.
Mitte April Thingyan, Wasserfest: das burmesische Neujahr.
April/Mai, Vollmond Kason, das höchste buddhistische Fest. Andenken an Geburt, Erleuchtung und Tod Buddhas. Feierliches Wässern der Banyan-Bäume (unter einem Banyan-Baum meditierend fand Buddha die Erleuchtung).
1. Mai Tag der Arbeit.
Juni/Juli Vollmond Beginn der buddhistischen „Fastenzeit". Die Mönche ziehen sich in die Klöster zurück, besonders viele junge Männer lassen sich ordinieren.
19. Juli Tag der Märtyrer. Gedenken der Ermordung Aung Sans.
Juli/August, Vollmond Burmas größtes Nat (Geister)-Fest findet in Taungbyone statt (C/D 6).
September/Oktober, Vollmond Große Boots-Prozession zum Fest der Phaung Daw U-Pagode in Inle. Zum Vollmond endet die buddhistische Einkehrzeit, drei Nächte lang erleuchten Lampions, Kerzen und Öllampen das Land.
Oktober/November Vollmond Feuerballonwettbewerbe in Taunggyi (D 7). Gleichzeitig ist Kathein, das Fest für die Mönche, sie erhalten neue Roben.
November/Dezember In diese Zeit fällt der Nationalfeiertag sowie Nadaw, der Feiertag der Nats (Geister). Weihnachten (25.12.) ist gesetzlicher Feiertag.

SITE-SEEING

TEXT: PETER GLASER

Pagoden per Mausklick

Burma im Internet

„Alles ohne Ausnahme hat seine eigene Schönheit", schreibt U Tin Moe, einer der großen Dichter Burmas, „jede Schönheit eine eigene Kraft." Welche Vielfalt sich hier zur Einheit eines Landes zu fügen versucht, eröffnet sich einem (unter **www.explore-myanmar.com/Ethnic Tribes.asp**) mit einem Überblick über die Vielzahl der Volksgruppen und Stämme. Kompaktes Basiswissen über das „Land der Juwelen" bieten **de.wikipedia.org/wiki/Burma** oder **www.weltzeituhr.com/laender/030.shtml**, ausführlichere Auskünfte und Reiseinformationen deutschsprachige Sites wie **www.myanmar-guide.de** (u. a. mit einer virtuellen Tour und einem Forum zum Erfahrungsaustausch) oder **www.reisetraeume.de/ weltweit/ mm.html** (mit Reiseberichten, Urlaubslinks und Tipps etwa für Fahrrad- und Motorradtouren). Umfangreiche Ressourcen zu Kunst, Kultur und Geschichte, Karten der verschiedenen Landesteile sowie „Superlative von Myanmar" stehen unter **myanmars.net** zum Abruf bereit. Eine kleine Myanmar- Suchmaschine (**www.click2myanmar.com**) hilft bei der Fahndung nach Kochrezepten ebenso wie bei der Suche nach einem Kloster für diejenigen, die nach den Aufregungen von Metropolen wie Rangun (**www.e-applica tion.com.mm/yangoncity**) oder Mandalay (**mandalay city.net/travel.htm**) innere Einkehr suchen. Eine geballte Liste mit Websites ist unter **www.nandawon.demon.co. uk/b-sites.htm** zu finden, darunter ein burmesisches E-Mail-Directory und Links für Musik- und Tanzinteressierte. Wer tiefer in die Welt der burmesischen Musik eintauchen möchte, dem sei ein Klick auf **www.research.umbc.edu/ efhm/garfias/ burma3.html** empfohlen. Wenn Sie dann zu den geheimnisvollen Klängen noch etwas über Sprache und Schrift erfahren möchten, können Sie unter **www.sea site.niu.edu/Burmese/language.htm** beginnen und sich nach fleißigem Kalligraphie-Üben zur Belohnung unter **www.nandawon.demon.co.uk/burmese-fonts/index.htm** ein paar schöne burmesische Zeichensätze auf Ihren Rechner runterladen. Eine weitere sprudelnde Universal-Quelle ist **www.townnet.com/world/asia/burma.html**: Das Angebot reicht von Tagesaktuellem bis zur Information über archäologische Stätten. Einen Nachrichtenüberblick kann man sich im Wochenmagazin „Myanmar Times" (**www.myanmar.com/myanmartimes**) oder dem von Exilburmesen publizierten Magazin „The Irrawaddy" (**www. irrawaddy.org**) verschaffen. Und mit ein wenig mehr Zeit lohnt sich unbedingt die „Online Burma/Myanmar Library" unter (**www.burmalibrary.org**).

Dick vergoldet: die Buddhas der Phaung Daw Oo-Pagode

Dhammayangyi-Tempel
Der geheimnisvollste Tempel: Die Innenkammer wurde offenbar kurz nach Fertigstellung gegen Ende des 13. Jhs. mit Schutt gefüllt, obwohl sie schon verziert und bemalt war – es heißt, der Auftraggeber sei vorzeitig verstorben und die Sklaven wollten sich für die Schufterei rächen. Tatsächlich wurde teilweise so perfekt gearbeitet, dass keine Nadel zwischen die mörtellosen Fugen passt. Zwei Buddhas im Westeingang sind noch originale Figuren.

Gawdawpalin
Einer der größten Tempel (55 m hoch) gilt als Krönung der späten Epoche. Beim Erdbeben 1975 schwer beschädigt.

Mahabodhi-Pagode
Anfang des 13. Jhs.; Kopie des gleichnamigen Tempels im indischen Bodhgaya, dem Ort von Buddhas Erleuchtung.

Mingalazedi
Der jüngste von Pagans bedeutenden Bauten, entstanden gegen Ende des 13. Jhs. Rund um den Zedi sind einige kunstvolle Keramikplatten erhalten.

Museum
Pompöser kitschiger Bau mit einigen Sehenswürdigkeiten, darunter ein Modell des alten Königspalasts. *Tgl. 9-16.30 Uhr*

Nathlaung Kyaung
Einer der ältesten Bauten (931) und der einzige eindeutig noch hinduistische. Dem Gott Vishnu geweiht, diente er vermutlich brahmanischen Ritualen am Königshof. Vier große Originalstatuen des Innenraums wurden 1890 von einem deutschen Ingenieur gestohlen und tauchten nie wieder auf.

Ngakywenadaung-Pagode
Stark beschädigter Zedi der Frühzeit (9. Jh.). Erhalten sind einige der glasierten Fliesen, die ihn einst völlig bedeckten.

Pahtothamya
Vermutlich vom Ende des 11. Jhs., doch mit Stilelementen aus einer früheren Periode, etwa die Shikhara (Spitze) im Lotosknospenstil. Die Fresken im Innern gelten als älteste Pagans.

Pitaka Taik
Für die in Thaton erbeuteten buddhistischen Schriften gebaute Bibliothek (1058). Auffallend sind die durchbrochenen Steinmetzarbeiten der Fenster, wie es sie in Angkor häufig gibt.

Schinbinthalyaung
Unscheinbar, doch mit einem 18 Meter hohen Buddha aus dem 11. Jahrhundert.

Schwegugyi
Einer der wenigen Tempel, die man noch besteigen darf. Eine Original-Steintafel im Innern erzählt die Geschichte des Baus in nur knapp acht Monaten.

Mächtiger Anfang: der Sockel der unvollendeten Mingun-Pagode

Schwesandaw-Pagode
Den eleganten Zedi mit quadratischen und achteckigen Terrassen ließ der Gründer des Pagan-Reiches, König Anawrahta, errichten. Die meisten der kunstvollen Terrakotta-Tafeln mit Jataka-Darstellungen sind leider verschwunden, beschädigt oder durch schlampige Restaurierung ruiniert.

Sulamani-Tempel
Bauliche Meisterleistung Ende des 12. Jhs. Von den alten Verzierungen ist ungewöhnlich viel erhalten, darunter Stuckarbeiten und Keramikplatten.

Thatbyinnyu
Einer der wichtigsten Bauten der mittleren Periode, Mitte 12. Jh.; Vertiefungen für Jataka-Tafeln, die wohl nie angebracht wurden, lassen vermuten, dass er unvollständig blieb.

Neu-Pagan
Ashe und Anauk Petleik-Pagode
Zwei benachbarte Tempel des 11. Jhs.; im Untergeschoss hunderte intakte Jataka-Tafeln.

Lawkananda Kyaung
Mitte 11. Jh. unter Anawrahta entstanden, noch genutzt. Wunderbarer Blick auf den Fluss.

Nyaung-U
Htilominlo-Tempel
Der letzte der großen Tempel mit Innenraum entstand 1218. Erhalten sind Teile der Stukkaturen und Fresken.

Schwezigon-Pagode
Begonnen unter Anawrahta, gilt der stark vergoldete, glockenförmige Zedi als unerreichtes Vorbild. In jede der vier Himmelsrichtungen blickt ein 4 m hoher Bronzebuddha. Sie sind, 1102 gegossen, die besterhaltenen in Pagan. In Schwezigon wurden die 37 Nats (Geister) untergebracht, nachdem Anawrahta sie widerstrebend ins buddhistische Himmelreich aufgenommen hatte: Kopien stehen in einem Schrein im Südosten, die Originale sollen (bis auf Nat-König Thagyamin) in Italien verschwunden sein.

Wetkyi-in Gubyaukgyi
13. Jh., die Architektur soll an eine Einsiedlerhöhle erinnern. Wenige alte Fresken sind erhalten, die meisten wurden 1899 von einem Deutschen gestohlen.

Myinkaba
Gubyaukgyi
Sehr fein ausgeführter Bau (1113) im frühen Pyu-Stil. Die Wandmalereien zählen zu den besten und ältesten Pagans.

(D 6) Pyin-U Lwin
Knapp 70 km von Mandalay, aber fast 1100 m höher. Die Briten bauten das Dorf zur „Hillstation" aus und nannten es Maymo. Wie sie fliehen heute wohlhabende Burmesen aus Mandalays undRanguns Hitze hierher. Der Ort hat Kultstatus, doch sein Charme wird durch die Villen neureicher Chinesen etwas geschmälert. Interessant ist die Bevölkerungsmischung: Shan und Danu, in kolonialer Zeit angesiedelte Inder und nepalesische Gurkhas. Als Verkehrsmittel dienen nostalgische Pferdekutschen, die gut zu den Kolonialbauten passen. Schön ist die Anfahrt über steile Serpentinen mit fantastischem Blick auf das Tal von Mandalay.

Überirdisch schön: die Bupaya-Pagode am Irrawaddy-Fluss

(C 7) Popa
Burmas magischer Mittelpunkt. Die Felszinne über Pagan ist Wohnort der Nats, der Geister.

OSTEN UND NORDEN

(D 6) Hsipaw
Hübsch gelegene charmante Kleinstadt. Lange Zeit Residenz eines weitgehend unabhängigen Fürsten (*sao pha*), der wie viele potenzielle Gegner zu Beginn der Ära Ne Win 1962 spurlos verschwand. Seine österreichische Frau Inge Sargent ging in die USA und kämpfte von dort aus für die Aufklärung des Falles. Lebendiger Markt, Trekking zu umliegenden Dörfern.

Bawgyo-Pagode
Der bedeutendste Tempel des nördlichen Shan-Staates, ca. 700 Jahre alt. Mittelpunkt der Verehrung sind vier kleine vergoldete Buddhas.

Haw Sao Pha
Verwandte des *sao pha* (s. o.) leben noch im Palast, einer europäisch inspirierten Villa. Touristen sind willkommen, es handet sich aber um einen Privatbesuch. Man spricht Englisch. *tgl. bis ca. 16 Uhr*

(D 7/8) Inle-See
Eine von Burmas touristischen Hauptattraktionen, s. S. 62

Indein
Reizvoll mit den zwei Klosteranlagen Nyaung Ohak am Seeufer und Shwe Inn Thein auf dem Hügel dahinter.

Nanthe
Nat-Schrein
Schöne Stelle am Nordufer; nur Männer dürfen sie betreten. Uralte Banyan-Bäume und bröckelnde Zedis.

Nga Phe Kyaung
Bekannt als „Jumping Cat Monastery". Gut erhaltenes Teakholz-Kloster in Seemitte, mit einer interessanten Ausstellung von Buddhas verschiedener Epochen. Berühmt sind die Katzen, die auf Kommando der Mönche durch Reifen springen.

Nyaungshwe
Shanpalast-Museum
Der letzte Shan-Fürst, der in diesem früheren Palast residierte, wurde Burmas erster Präsident: Sao Shwe Thaike. Bei Amtsantritt von Ne Win verschwand er bis zu seinem Tod in Haft. Ausgestellt sind Gegenstände aus seinem Besitz, das Haus ist eine putzige Mischung aus Shan und britischer Art. *Tgl. außer Mo u. feiertags 8.30-15.30 Uhr*

Mudras

In Darstellungen des Buddha sind Körperhaltung (**asana**: stehend, sitzend, gehend oder liegend) sowie Gestik der Hände (**mudra**) festgelegt und mit genauer Symbolik besetzt. Allerdings haben sich in Burma, wo schon früh sämtliche Weltreligionen aufeinander trafen und sich mit alten Geisterkulten mischten, die Künstler immer wieder Freiheiten herausgenommen, die Sachverständige zum Grübeln bringen.

abhaya mudra: meist stehend, eine oder beide Handflächen zum Betrachter gerichtet: Der Erleuchtete vertreibt die Furcht.

bhumisparsa mudra: sitzend, die linke Hand ruht im Schoß, die Fingerspitzen der rechten berühren den Boden: Buddha ruft die Erde als Zeuge an, dass er jeder Versuchung widersteht.

dharmachakra mudra: meist stehend; Daumen und Zeigefinger beider Hände formen Kreise: Er dreht das Rad des Dharma (der Lehre). Damit wird an die erste öffentliche Verkündigung der Lehre nach seiner Erleuchtung erinnert.

dhyana mudra: im Lotossitz, der Buddha hält beide Hände im Schoß, die Rechte über der Linken, die Handflächen nach oben geöffnet: Er meditiert.

varada mudra stehend, meist mit dem linken Arm nach unten hängend, die Handfläche zum Betrachter: Buddha bietet religiöse Weisheit an.

vitarka mudra stehend, Daumen und Zeigefinger formen einen Kreis: religiöser Diskurs.

Der liegende Buddha symbolisiert den Tod bzw. den Übergang ins Nirwana. Stützt die Hand den Kopf, ruht der Erleuchtete vielleicht auch nur.

Einer von tausenden Buddhas in der Höhle von Pindaya

Fundsache

Langsam – aber sicher?

Die Schlucht von Gokteik war einst ein nahezu unüberwindliches Hindernis, das den nördlichen Shan-Staat vom Rest des Landes abschloss. Um 1900 schließlich bauten britische, amerikanische, deutsche und burmesische Fachleute diese spektakuläre Eisenbahnbrücke: 690 m lang, überspannt sie den Abgrund in 335 Meter Höhe. Die Überquerung, für Eisenbahnfreunde Pflicht, fordert gute Nerven. Der Zug von Pyin-U Lwin nach Hsipaw kriecht vorsichtig über die altersschwache Brücke, die sehr schmal und einspurig ist, sodass man direkt in den Abgrund schaut. Sich dem schwer bewachten Bauwerk zu Fuß zu nähern ist nicht gestattet. Einen guten Blick auf die Brücke hat man von den Haltestellen an ihren Endpunkten: Hier muss der natürlich ebenfalls betagte Zug erst einmal Atem holen.

Gokteik-Viadukt, Bahnstrecke Hsipaw-Pyin – U Lwin (D 6)

Ywama

Pfahldorf in Seemitte, berühmt für seinen schwimmenden Markt – auf dem es aber mittlerweile nur noch (überteuerte) Souvenirs gibt. Webereien produzieren gute Qualität in Baumwolle, Seide und Lotos, Besucher sind willkommen. Der „floating market" ist Teil des traditionellen Systems der Shan, bei dem die Märkte im Fünftages-Zyklus zwischen den Dörfern wechseln.

Phaung Daw Oo-Pagode

Berühmtester Tempel des südlichen Shan-Staates mit fünf hoch verehrten Figuren, deren ursprüngliche Form unter Unmengen Blattgold verschwand. Zum jährlichen Pagodenfest um den September-/Oktober-Vollmond werden vier Figuren in großer Prozession um den See gefahren, um die Dörfer zu segnen. Die kleinste muss zu Hause bleiben, seit einmal das Boot kippte und die Statuen in den See fielen. Die vier großen wurden sofort geborgen, die kleinste war verschollen und habe sich, so wird berichtet, später selbstständig aus dem Wasser erhoben.

(D 7) Kalaw

Wie Pyin-U Lwin einst britische Hill Station, aber abgelegener und ruhig geblieben. Bewohnt von einer bunten Mischung aus nepalesischen Gurkhas, die mit den Briten kamen, Shan, Danu, Pa-O, Chinesen, indischen Muslimen und Burmanen. Viel Kolonialstil, Trecks zu Bergdörfern.

(F 7) Kyaingtong

Die „Hauptstadt des Goldenen Dreiecks" gilt trotz vieler Kampagnen noch immer als Zentrum des Drogengroßhandels. Fern von Rangun, aber nah der thailändischen Grenze, hat sich hier ungewöhnlicher Wohlstand eingestellt. Die meisten Bewohner sind Lue, verwandt mit den Shan und Thai. Lebendiger Markt, einige hübsche Pagoden im Shan-Stil, eine heiße Badequelle am südlichen Stadtrand. Tolle Trekkingmöglichkeiten, wenn die Behörde es erlaubt.

(F 6) Mong La

Auf wunderschöner Bergpiste kommt man von Kyaingtong in vier Stunden zur chinesischen Grenze. Mong La (auf Burmesisch Mai La) ist das nördliche Hauptquartier der UWSA (United Wa State Army). Touristen sind willkommen, die Landeswährung Kyat nicht: Dollar, Yuan oder Baht in das asiatische Mini-Las Vegas mitnehmen. Spielcasinos, Karaoke-Bars, eine Transvestitenshow. 99 Prozent der Besucher sind Chinesen, ihre Wünsche bestimmen das Angebot.

(D 7) Pindaya

Malerisches Shan-Städtchen an einem kleinen See, mit einem Kalksteinmassiv im Rücken. Dort liegt die Pindaya-Tropfsteinhöhle, die über die Jahrhunderte mit tausenden Buddhastatuen gefüllt wurde. Leider hat man sie vor kurzem, ungeachtet ihres historischen Werts, komplett in Rot und Gold überpinselt, doch die Höhle hat immer noch ihren Reiz. Einige Kilometer weiter liegen die Padah-Lin-Höhlen mit prähistorischen Felsmalereien. Für beide Höhlen werden gutes Schuhwerk und eine Lampe empfohlen.

(D 7) Taunggyi

Hauptstadt des südlichen Shan-Staates, 1450 m hoch an einer pinienbestandenen Bergkuppe gelegen. Taunggyi ist Umschlagplatz für Schmuggelware aus China und Thailand und zieht entsprechend abenteuerliches Publikum an. Ein Tagesausflug nach Süden führt zum „Pagodenwald" von Kakku mit seinen 2000 kleinen Zedis. Ursprünglich bröckelnd und überwuchert, sind sie nun renoviert, wodurch der Ort an Zauber verlor.

WESTEN

(B 7) Mrauk U

Neben Pagan die zweite große historische Stätte, fast ebenso reizvoll, aber wegen der Randlage viel weniger besucht. Schon im 1. Jh. entstand ca. 40 km nördlich von Mrauk U (Miao U gesprochen) die Hochkultur von Dhanyawady. Ebenfalls nördlich (10 km) stehen die Relikte des 327 gegründeten Wethali. Mrauk U wurde 1433 gegründet und erlebte, an einem Handelsweg zwischen Indien und China gelegen, in kürzester Zeit eine große Blüte. Erste europäische Besucher zu Beginn des 16. Jhs. verglichen die Stadt mit Amsterdam und London. Bis ins 18. Jh. konnte sie sich gegen die Burmanen halten; dann fiel sie Thronstreitigkeiten zum Opfer. Geblieben ist neben Monumenten und Trümmerfeldern ein stilles, freundliches Städtchen, das sich per Rad oder zu Fuß erkunden lässt.

Burmas Olymp: Auf der Zinne am Mount Popa residieren die Geister

Andaw-Pagode

Früher entstanden als die Shittaung-Pagode, aber 1596 umgebaut, folgt sie dem selben Konzept in bescheideneren Dimensionen: terrassenförmig, mit Zier-Zedis auf den Absätzen und einem Innenraum.

Dukkanthein

Angeblich 1571 erbaut; weniger kunstvoll, aber festungsartiger als Andaw und Shittaung. Zwei Gänge um eine Zentralkammer, verziert mit Sandsteinreliefs, auf denen u. a. 64 Haartrachten von Hofdamen zu erkennen sind.

Kothaung
Anlage von 1553, die wohl Shittaung noch überbieten sollte. Viele schöne Reliefs.

Laungbanpyauk-Pagode
Eleganter Zedi von 1525, schwer beschädigt. Teilweise erhalten sind bunte Keramikplatten, mit denen er einst wohl zur Gänze bedeckt war.

Laymyetnha
Der älteste Tempel (1430) ist im Vergleich zu den nachfolgenden Bauten klobig – die Architekten lernten schnell dazu.

Pitaka Taik
Eine der wenigen erhaltenen Bibliotheken von ursprünglich 48. Schöne Außenverzierung.

Sakyamanaung-Pagode
Ein 85 Meter hoher Bau von Mrauk U; die verspielte Eleganz verweist auf eine spätere Epoche. Von 1629, ungewöhnlich gut erhalten.

Shittaung-Pagode
Bedeutendster Bau der Region, entstanden 1535. Der terrassenartige Aufbau mit Zier-Zedis erinnert an die berühmte Anlage Borobodur auf Java. Sollte wahrscheinlich auch als Wehranlage dienen. Im Innern des quadratischen, durch schießschartenartige Fenster nur spärlich erhellten Baus verlaufen fünf mit Statuen und Reliefs geschmückte Gänge. Vermutlich diente Shittaung tantrischen Einführungsritualen: Der Novize „las" die Botschaften auf dem Weg nach innen, bis er im Zentrum eine große Buddhastatue und einen Fußabdruck des Erleuchteten als Höhepunkt der Erkenntnis erreichte. In den frühen westlichen Reichen gingen buddhistische und hinduistische Richtungen mannigfaltige Symbiosen ein. Neben vielen Nat- und Buddhafiguren – Shittaung bedeutet Schrein der 80 000 Bildnisse, doch ganz so viele sind es nicht – sind vor allem Reliefs zu sehen. In dem wuchtigen dunklen Bau haben sich einige Werke einwandfrei erhalten. Wunderbar eine Gebetshalle mit geschnitzter und bemalter Decke; der Türsturz, der das Hauptportal umgibt, enthält Darstellungen von Kala und Deva, die eindeutig hinduistisch sind.

Rostrot für die Mönche: Pathein ist als Schirm-Stadt berühmt

Yadanapon-Pagode
„Edelstein-Schatz-Pagode" von 1612, im Krieg bombardiert und jetzt restauriert. Der 60 m hohe Zentralzedi ist von 24 kleineren und vier Wächter-Löwen umgeben. Wahrscheinlich wurde die Pagode schon vor langer Zeit geplündert: Der Name sowie die Erbauerin – Königin Shin Htway – versprachen reiche Beute.

Mrauk U/Wethali

Hsu Taung Pre
Die fünf Meter hohe, aus einem einzigen Stein geschnittene und abgöttisch verehrte Figur gilt als einziges unversehrtes Überbleibsel von Wethali und wird auf 327 datiert – das Gründungsjahr der Stadt. In der Umgebung sieht man noch viele Grundmauern Wethalis, darunter die des Palastes, der 500 x 300 Meter maß.

(A 7) Paletwa
Von Kyauktaw bzw. Mrauk U sind Tagesausflüge per Schiff auf dem Kaladan zum Marktflecken Paletwa im Chin-Staat möglich; hier kann man noch Chin-Frauen mit traditionell tätowierten Gesichtern sehen (Visum notwendig).

(C 10) Pathein
Burmas viertgrößte Stadt ist das Tor zum Irrawaddy-Delta, lebendig, aber ein wenig heruntergekommen. Landesweit bekannt wegen der Fischereiflotte, der hübschen Sonnenschirme, erstklassigem Reis, Halawa-Süssigkeiten und der Schwemokdaw-Pagode.

Schwemokhtaw-Pagode
Den Legenden nach entweder im Jahr 305 von Indiens buddhistischem König Ashoka gegründet oder, später, von einem der drei buddhistischen Liebhaber der muslimischen Prinzessin Onmadandi. Sicher ist, dass sie 1263 ausgebaut wurde. Seither wurde sie bis auf einen neuen Schirm nicht umgebaut und blieb auch von Kriegen und Erdbeben verschont.

(A 8) Sittwe
Hauptstadt von Rakhine, auf einer Insel im Delta des Kaladan gelegen. 1826 von den Briten gegründet, die einen Handelshafen brauchten. Hafenstadt ist Sittwe geblieben: zwar ohne Monumente, aber mit einer interessanten Bevölkerungsmischung aus Rakhine, Burmanen, Rohinga-Muslims und bengalischen Hindus. Gleich außerhalb der Stadt gibt es einen weiten, flachen Strand.

Rakhine State Cultural Museum
Ausgrabungsfunde aus Mrauk U und Umgebung sowie regionale Gebrauchsgegenstände.
1 Main Rd. *Mo-Sa 10-16 Uhr*

Buddhistic Museum
Respektable Kollektion echter alter Rakhine-Buddhas. Das Museum befindet sich auf einem Klostergelände – sollte abgeschlossen sein, schließt gewiss ein Mönch auf.
Mahakuthala Kyaungdawgyi, Ye Kayw Thu Lane

(B 9) Thandwe
Provinzstadt nahe dem Badeort Ngapali, ideal für einen Spaziergang, der eine kleine Zeitreise ist. Viele Geschäfte für das lokale Spitzenprodukt, Longyis im Rakhine Stil.

MERIAN | TIPP

Dschungeltour im Auto
Zu den abenteuerlichsten Unternehmungen, die dem F.I.T. (Regierungskürzel für Foreign Independent Traveller/unabhängiger ausländischer Reisender) in Burma erlaubt sind, zählt die Überquerung der Rakhine-Yoma-Berge. Infrage kommen dafür zwei Strecken:
Die südliche Route führt von Pathein über Ngathaingchaung und Gwa zum Badeort Kanthayar. Je nach Wetter, Straßenlage und Fahrzeug (Taxi oder Bus) sind dafür ein bis drei Tage einzuplanen. Ein Teil der Strecke geht durch den dichten Bambusdschungel der südlichen Rakhine-Yoma-Ausläufer. Wer sich ein Taxi und etwas Zeit nimmt, kann unterwegs übernachten und kleine Abstecher für Tierbeobachtungen machen.
Die nördliche Route führt von Pyay über Taunggok und Thandwe zum Badeort Ngapali. Die Fahrt dauert mindestens einen Tag. Im dichten Primärdschungel zwischen Pyay und Taunggok leben Tiger, Leoparden, wilde Elefanten sowie Jäger der Chin, die noch mit Speer und Jagdhund auf Nahrungssuche gehen. Raststätten in den winzigen Weilern entlang der Strecke bieten das ganze Jahr über leckeres Wildbret an, zum Beispiel Wildschweincurrys oder luftgetrocknetes Hirschfleisch.
Der Pass liegt auf 1100 m Höhe und bietet ein einmaliges Panorama. Auch hier lohnt sich ein Taxi mit Englisch sprechendem Fahrer für kleine Abstecher in die Wildnis. Eine Attraktion für sich sind die schrottreifen Fahrzeuge, die mit Mannschaft und Fracht im Wald liegen bleiben.

MERIAN | TIPP

Märchenhaft gut

Es gibt verwunschene Orte, an denen einfach alles stimmt. Dies ist ein solcher. Das Haus wurde kurz vor dem Zweiten Weltkrieg gebaut, ganz aus Holz, nach einem Vorbild, das irgendwo auf den Britischen Inseln stehen muss. Klein, bescheiden, seine besten Jahre hat es hinter sich. Ein großes und viele kleine Zimmer. Alle ein bisschen dunkel, weil auch die Fenster klein bleiben mussten – zum Schutz gegen die rauen Winterwinde und den nächtlichen Frost. Die Einrichtung ist karg: Tische, Stühle, Blumen, hier und da Nippes. Wenige Farben, keine Werbeschilder, keine grellen Kalender. Nicht wie ein Restaurant wirken diese Räume, sondern wie arrangiert für ein Stillleben. Man hört die fidelen Schwestern hinten in der Küche hantieren und singen. Manchmal kommt eine nach vorne, um die Gäste mit Erzählungen über die wechselhafte Geschichte der Region zu unterhalten. Einer Region, die sie im Blut haben, die Töchter eines Shan-Iren und einer Thai-Mon. Wie ihr Haus haben auch sie hier Patina angesetzt. Die Karte ist übersichtlich: jeweils eine Seite für Frühstück, Burmanisch, Chinesisch, Shan, Indisch und Europäisch. Nur Standardgerichte. Ein Hinweis auf der Karte versichert, dass das Gemüse vor Verwendung mit kochendem Wasser gewaschen wird. Das Essen ist wohl das aufregendste, das man in Burma probieren kann. Wer es nicht glauben mag, versuche den Fisch in Bananenblättern. Oder eines der Pilzgerichte.

(D 7) Kalaw
7 Sisters (Thiri Gayhar) MMM
7 Main Rd., Tel. (081) 502 16
tgl. 6-22 Uhr €€

An der Quelle: Markt in der Provinz. Rohes Obst und Gemüse sind Hauptzutaten der für die Landesküche typischen würzigen Salate

RANGUN UND DER SÜDEN

RESTAURANTS

(C/D 10) Rangun

19th Street MMM
Belebte Ess-Straße im Herzen von Chinatown. Auf 100 Metern reihen sich stets gut besuchte Lokale. Laut, eng, schmuddelig – aber liebenswert und lecker. Nach Sonnenuntergang sitzt man nett draußen auf der Straße. Fast überall gibt's Bier vom Fass.
19th Street *tgl. bis ca. 23 Uhr* €

Aung Thuka MMM
Schlichte Speisestube, besonders beliebt bei Künstlern und Intellektuellen. Beilagen zum Teil gratis und überdurchschnittlich gut.
1st Street/Shwegondine (gegenüber dem Savoy Hotel)
tgl. 10-19 Uhr €

Daw Saw Gyi MM
Eine der besten Adressen für burmanische Küche in der Stadtmitte. Zwei Stockwerke, weiß gekachelt. Aufmerksame Bedienung, kräftig gewürzte vorgekochte Curries.
175/177 29th Street
Tel. (01) 27 53 97
tgl. 8-16 Uhr €

Green Elephant M
Burmas wohl beliebtestes Touristenrestaurant befindet sich in einer hübschen, etwas geschmäcklerisch aufgemachten Holzvilla mit Garten. Die landestypische Küche ist gut, der Service auch.
Sein Kyaw Road
Tel. (01) 57 97 09
tgl. 10-22 Uhr €€

Hla Myanmar MM
Unverfälschte vorgekochte Landesküche. Deftige Curries vorher zur Ansicht. Keine Klimaanlage, dürftige Ventilation. Am Wochenende mittags überfüllt. Schwer zu finden – am besten sucht man einen Taxifahrer, der es kennt.
27, 5th St./Shwegondine St.
Tel. (01) 52 68 22
tgl. 10-21 Uhr €

Kone Myint Thar MMM
Burmanische Küche der Spitzenklasse in einer schlichten, klimatisierten Halle. Chinesische Küche auf einer überdachten Veranda mit angrenzendem Speisezimmer.
69 A Pyay Road
Tel. (01) 66 59 00
tgl. burmanisch 5-15 Uhr chinesisch 9-21 Uhr €

La Padoma MM
Experimentierfreudige köstliche thai-burmanische Küche in einer bildschönen Kolonialvilla. Die Küche hat bis spät geöffnet. Mit Cocktailbar und Billardtisch für Rangun sehr originell. Reservierung empfohlen.
78 Inya Rd., Tel. (01) 53 64 85
tgl. 12-24 Uhr €€

L'Opera M
Seit 1997 kocht der Römer Maurizio in Rangun, Spezialität ist die Pizza aus dem großen Hausofen. Umfangreiche Weinkarte. Angenehmes Ambiente in alter Villa mit Garten.
20 Thukha Waddy Road
Tel. (01) 56 66 62
tgl. 11.30-14.30 und 18-22.30 Uhr €€€

Le Planteur
Burmas Gourmettempel. Französisch-schweizerische Küche mit Tropentouch in einer Kolonialvilla mit Garten. Etwas abgelegen, in der Nähe der deutschen Botschaft.
16 Sawmaha Road
Tel. (01) 54 93 89 *tgl. 12-14 und 18-23 Uhr* €€€€

Mandalay
Französische und burmanische Küche in einfallsreicher Fusion. Reservierung empfohlen.
Pansea Hotel, 35 Taw Win Road
Tel. (01) 22 98 60
tgl. 7-22.30 Uhr €€€€

Mr. Guitar M
Die Kombination von Bar, Restaurant und Galerie wirkt in Rangun fast revolutionär. Gute Getränkekarte, aber die Speisekarte hält nicht, was sie verspricht. Live-Musik von wechselnden Bands.
22 Saya San Road
Tel. (01) 70 12 70
tgl. 20-24 Uhr €€

Palai Kywe MM
Geheimtipp unter Ranguns Mittelstand, nahezu touristenfrei. Shan-chinesische Küche, aufmerksamer Service, charmantes, chaotisches Ambiente. Separées im oberen Stockwerk.
44 Bo Aung Kyaw Street
Tel. (01) 98 02 88
tgl. 10-22 Uhr €

(D 10) Bago

Three Five Hotel MMM
Kein Hotel, sondern eine lang etablierte Bierstube mit Mandalay-Bier vom Fass. Große Auswahl an chinesischen Gerichten. Am Abend meist Hochstimmung.
10 Main Rd. Tel. (052) 222 23
tgl. 7-22 Uhr €

ZENTRAL-BURMA

RESTAURANTS

(C 9) Pyay

May Ywat War MMM
Speisehalle im Holzbau. Wirkt etwas altersschwach, aber die Köche verdienen Vertrauen. Das burmanische Original-Menü ist erheblich ergiebiger als die englische Variante, erfordert jedoch Beratung.
Kan Rd., Tel. (053) 221 33
tgl. 11-20 Uhr €

(C/D 6) Mandalay

A Little Bit of Mandalay MMM
Restaurant in einem Gartenpa-

villon. Chinesische und burmanische Küche, die letztere ist auf den westlichen Gaumen abgestimmt.
65th zwischen 27th u. 28th St. Tel. (02) 612 95 *tgl. 9-14.30 u. 16.30-21.30 Uhr* €

Golden Duck M
Chinarestaurant über drei Ebenen. Scheußliche Einrichtung, erstklassige Küche. Originelle und sehr gute Tageskarte.
80th/16th Street
Tel. (02) 368 08
tgl. 9.30-21.30 Uhr €€

Green Elephant MM
In einer alten Kolonialvilla mit Garten. Die Filiale der Ranguner Restaurantkette hält den hohen Standard. Man hat die Wahl, drinnen (Klimaanlage) oder draußen zu sitzen, doch leider gibt es dort ziemlich viele Mücken.
27th zwischen 64th u. 65th St., Tel. (02) 612 37
tgl. 8-21 Uhr €€

Kipling Cafe II M
Burmas Annäherung an das Straßencafé nach europäischem Muster, direkt am Fort. Gute hausgemachte Eiscreme.
neben dem Swan Hotel
tgl. 10-22 Uhr €€

Ko's Kitchen M
Dieser für Burma ungewöhnlich professionell betriebene Oldtimer ist bei Touristen sehr beliebt. Reservierung ist daher unerlässlich. In diesem gepflegtem Haus am westlichen Wall werden milde, tadellose Thai-Gerichte serviert.
19th/80th St., Tel. (02) 342 14
tgl. 11.30-14.30 und 17.30-21.30 Uhr €€

Fisch von der fast 2000 Kilometer langen Küste prägt den Speiseplan

Marie-Min MM
Lassi, Müsli, Chapatti, Kürbissuppe – das vegetarische Familienrestaurant trifft den Geschmack gesundheitsbewusster Europäer. Außerdem kann man hier auch Souvenirs kaufen.
27th zwischen 74th u. 75th St. Tel. (02) 362 34
tgl. 9-21 Uhr €

Pakokku Daw Lay May MMM
Beste Burma-Küche. Die kurze Karte umfasst die wesentlichen Curry-Varianten, darunter leckeres Lammbries. Einfach und freundlich.
73rd zwischen 29th u. 30th St. Tel. (02) 351 70
tgl. 11-21 Uhr €

Pyi Taw Win MMM
Bis zum frühen Nachmittag gibt es vorgekochte burmanische Curries, danach burmanische, chinesische und Shan-Küche à la carte. Barbecue auf der Straße und frisches Bier vom Fass. Abends nette Atmosphäre.
292 81st. zwischen 24th und 25th Street
Tel. (02) 337 87
tgl. 10-22 Uhr €

(C 7) Pagan
Green Elephant M
Stimmungsvolles Tochterhaus des gleichnamigen Restaurants in Rangun. Direkt am Fluss (Ausblick!), Garten. Stil nicht ganz gelungen, aber kulinarisch erstklassig.
Neu-Pagan, Tel. (02) 670 99
tgl. 8-21 Uhr €€

Pwint Mar Lar MMM
Favorit der Einheimischen. Was die Küche hergibt, landet in kleinen Schälchen vor dem Gast. Zum Festpreis kann man essen, so viel der Magen ver-

Landesküchen
Burmanische Küche ist überraschend mild, aber oft auch sehr fett und ausländischen Mägen nicht immer zuträglich. Die meisten Restaurants haben allerdings ein rein chinesisches Menü: Lange Zeit gaben nur Chinesen Geld dafür aus, außer Haus zu essen.
Die besten Speisen werden noch immer in Privathaushalten gekocht – wer das Glück einer Einladung hat, sollte sie nicht ausschlagen.
Eine Sonderstellung nimmt die Shan-Küche ein, sie wird weit über die Landesgrenzen hinaus gerühmt. Doch leider schmücken sich viele Gaststätten mit dem Shan-Prädikat, ohne die entsprechenden Speisen zu servieren.
Überall erhältlich ist das gute, einheimische Bier, rar sind ausländische Softdrinks. Viele Restaurants servieren jedoch frisch gepressten Limonensaft. Besonders vorsichtig sollte man bei rohem Obst, Gemüse und Eiswürfeln sein – der Verzehr kann schrecklich aufs Gedärm schlagen. Leider gehören die Glanzlichter der Landesküche in diese gefährliche Kategorie: köstliche, pikante Salate (thou), in denen sich Rohes und Gekochtes mischen.

TEESTUBEN

Gerüchte und Gerichte

Im Tea-Shop erhält man einen Einblick ins Sozialleben – und erstaunlich gutes Essen

Der Tea-Shop ist weniger ein Restaurationsbetrieb als eine Säule des burmesischen Sozialgefüges, deren Bedeutung gar nicht hoch genug eingeschätzt werden kann. Ohne ihn wäre zumindest in größeren Ortschaften ein Treffen unter Freunden kaum möglich: die Behausungen zu klein, das Risiko zu groß – immerhin gilt jede Zusammenkunft mehrerer Leute bereits als potenzielle Konspiration. Also wird im Tea-Shop hinter vorgehaltener Hand „geburmelt", was die Gerüchteküche hergibt, über die Nachbarschaft, die Junta oder die „Lady" (Aung San Suu Kyi). Als einzige Institution neben Armee und Polizei kennt der Tea-Shop keine Öffnungszeiten und nimmt sich somit auch der Schlaflosen an. Wenn ein Fernseher vorhanden ist, erfährt man hier die Lottoergebnisse – die der legalen staatlichen wie die der thailändischen Untergrundlotterie, auf die mit Hingabe gewettet wird. Kurzum, der Tea-Shop verleiht dem Leben Struktur und Qualität, und nur wer die paar Kyat für einen Tee nicht übrig hat, ist wirklich arm dran. Auch führen selbst die bescheidensten Etablissements zumindest einige Snacks. Sehr süß die fertig verpackten aus der Fabrik, fast immer gut die lose gereichten aus eigener Produktion. Die besseren Tea-Shops bieten eine breite Palette kleiner Mahlzeiten, die oft besser schmecken als das Restaurantessen. Auch wenn das Essen der Tea-Shops in westlichen Augen wenig Vertrauen erweckt, lohnt sich ein Versuch meistens – schon als willkommene Abwechslung zur Monotonie des American Breakfast im Hotel.

Die Ausstattung ist spartanisch, die Snacks schmecken

shae Co burmanischer Kaffee, leicht, milchig, süß
laphet burmanischer Tee, stark, milchig, süß
bausi chin. Hefekloß mit Schwein-Gemüse-Füllung
je u Ei
kobian Knusperrolle mit Gemüse-Zwiebel-Füllung
nambya Fladenbrot, dem indischen Nan ähnlich
palata Pfannkuchen
petou Teigtasche mit Schwein und Spinat
mutton soup Hammelbrühe
samosa Indische Teigtasche mit Gemüsecurryfüllung
htamin Reis
hin Curry
khao swe Nudelsuppe der Shan mit Huhn und Kokosmilch
mohinga Nationalgericht: Nudel-Fischsuppe
nga Fisch
ameh dha Rind
ce tha Huhn
we tha Schwein
(die Schreibweise der burmanischen Begriffe ist an der Aussprache orientiert)

trägt – Buffet auf Burmesisch.
Neu-Pagan, Tel. (02) 671 48
tgl. 10-23 Uhr €

Kinaree MM
Wunderbar leichte und scharfe Thai-Küche, die nach durchschwitzten Pagoden-Besichtigungstouren die Lebensgeister wieder weckt. Auch die Einrichtung im Alt-Pagan-Stil wird hohen Ansprüchen gerecht.
Alt-Pagan, Aung Myay Thar Ward, Tel. (02) 672 65
tgl. 10-21 Uhr €€

Be Kind To Animal MM
Unscheinbares vegetarisches Restaurant, versteckt im historischen Tharabar-Tor. Führt so Exotisches wie deutschen Kartoffelsalat, aber auch eine breite Palette an Früchten, Müslis, Milchshakes und Lassis. Optimal für eine Erfrischungspause.
Alt-Pagan, Tel. (02) 672 77
tgl. 6-21 Uhr €

(C 7) **Popa**
Sagawa MMM
Tadellose europäische, chinesische und thailändische Küche in schlicht-elegantem Ambiente. Gehört zum Popa Mountain Resort und bietet einen grandiosen Ausblick. Große Cocktail-Auswahl.
Popa Mountain Resort, Tel. (02) 691 68 *tgl. 12-22 Uhr* €€€

OSTEN UND NORDEN

RESTAURANTS

(D 7/8) **Inle-See**
Ann's
Große Veranda mitten auf dem See mit angeschlossener Lotosweberei. Die Aussicht ist wunderbar, das Mobiliar hübsch und bequem. Die Küche bietet China-Standard à la carte sowie Shan-Intha-Gerichte als festes Menü. Ideal für eine Rast auf dem See.
Myay Ni Gone, Tel. (081) 22 07 77 *tgl. 10-20 Uhr* €€

(D 7) **Nyaungshwe**
Inle Pancake Kingdom MM
Der Name sagt fast alles. Crêpes süß und pikant, Sandwiches, Milchshakes, Müslis und Lassis. In der kühlen Jahreszeit mit köstlichen, frischen Shan-Erdbeeren. Das „Königreich" befindet sich in einer kleinen schlichten Bambushütte.
27 Win On
tgl. 7.30-21.30 Uhr €

4 Sisters Restaurant MMM
Die Schwestern bekochen ihr Guesthouse mit originaler Intha-Hausfrauenkost, bewirten aber auch auswärtige Gäste. Es gibt kein Menü, gegessen wird, was auf den Tisch kommt.
Nan Pan Quarter
Tel. (081) 291 90
tgl. 18-21 Uhr €

Golden Kite MM
Hausgemachte Tagliatelle mit Tomaten und Basilikum vom eigenen Öko-Hof – das Chilli verrät, dass nicht Italiener kochen. Außerdem Pfannkuchen, Milchshakes, Cocktails.
Yone Gyi Road
tgl. 10-21 Uhr €

Smiling Moon MM
Die Speisekarte trennt nach Shan und Chinesisch, in der Küche wird daraus aber oft „shanesisch". Die Restaurantbetreiberinnen, drei Schwestern, halten auch „Nyaungshwe-Diät" bereit: Pfannkuchen, Lassi usw.
Yone Gyi Rd., Tel. (081) 292 87
tgl. 10-22 Uhr €

(D 7) **Taunggyi**
Maw Kan MMM
Burmas meistgelobte Shan-Küche, serviert in einer schlichten Gaststätte, mit Separées rund um einen Hof. Das Lokal ist nahezu unauffindbar hinter einem Häuserblock versteckt: Ein Besuch erfordert einheimische Hilfe.
Tel. (081) 225 92
tgl. 10-20 Uhr €

WESTEN

(B 9) **Ngapali**
Lillies Bar MMM
Exzellente Fisch- und asiatische Wok-Gerichte, BBQ am Strand, Bier frisch vom Fass, Blick aufs Meer.
South Ngapali Beach
tgl. 7.30-20.30 Uhr €

(B 10) **Ngwe Hsaung**
See Sar MMM
Charmantes Dorfrestaurant mit kurzer Speisekarte. Spezialität sind Fisch und Meeresfrüchte. Von der Veranda Blick auf das bunte Dorfleben.
tgl. 6-20.30 Uhr €

SCHIFFSREISE

Das Leben ist ein langer, ruhiger Fluss

Auf dem Irrawaddy von Bhamo nach Mandalay

Weil das Straßennetz so miserabel ist, werden in Burma 8000 Kilometer Wasserwege noch genutzt wie im 19. Jahrhundert. Die reizvollste Flusspassage führt auf dem **Irrawaddy von Bhamo nach Mandalay** und dauert 30 Stunden. Das Abenteuer beginnt schon vor dem Ablegen: Da der Dampfer um sechs von einem Kai außerhalb der Stadt startet, es in Bhamo keine Taxis gibt und nach Mitternacht keinen Strom, heißt es bei Kerzenlicht packen und in der frühen Dämmerung mit der Pferdedroschke zum Hafen fahren. Dann im Gedrängel an Bord gehen und die Kabine suchen. Erste Klasse (dringend empfohlen, ca. 50 US-$): zwei Pritschen, Ventilator, Nasszelle.
Das Umland von Bhamo ist kaum besiedelt, nur gelegentlich sieht man am Ufer Bauern, Goldwäscher oder ein einsames Loggingcamp. Nach einer guten Stunde passiert das Schiff eine lange Flussenge, wo von steilen Felsen Gibbons herabschreien. Mit etwas Glück sieht man in dieser Gegend Arbeitselefanten beim Morgenbad, manchmal auch die vom Aussterben bedrohten Irrawaddy-Delfine. Gegen Mittag wird **Katha** erreicht, Schauplatz von Orwells „Tage in Burma." Der Flusslauf dreht von Westen nach Süden, der Strom wird breiter und träger. Immer häufiger ziehen am Ufer Dörfer vorbei, auf dem Fluss treiben riesige Flöße aus Teakstämmen vom Kachin-Staat herab. Am späten Nachmittag ist die Bordkantine meist schon ausverkauft, an der Haltestelle **Ticha** warten deshalb Verkäufer mit leckeren Currys. Im letzten Licht sieht man Wasserbüffelherden an der Tränke, dann geht der Suchscheinwerfer an, und die Fahrt wird verlangsamt. Das ferne, dunkle Ufer hilft kaum bei der Orientierung. Gegen zehn Uhr abends gibt der Kapitän Kommando zum Anlegen – eine kurze Nachtruhe für Crew und Passagiere. Wem es in der Kabine zu heiß wird, sucht sich einen windigen Platz auf dem Oberdeck. Noch vor der Dämmerung starten die Maschinen wieder. Mit dem Tag beginnt auch das Flussleben mit voller Energie: Wäscherinnen, Fischer in winzigen Nachen, altersschwache Fähren voller Obst und Gemüse auf dem Weg zum Markt. Der Strom ist nun fast unübersehbar breit. Am späten Vormittag tauchen am Horizont die gewaltigen Umrisse der Pagode von **Mingun** auf. Zeit für die Passagiere der Deckklasse, ihre Habseligkeiten zusammenzuklauben. Ein langer Tag auf dem Fluss endet mit dem Geschrei der Träger an der Jetty von **Mandalay**.

Anlegen in einer anderen Epoche: das Irrawaddy-Ufer in Mandalay

> Weitere Angaben zum Schiffsverkehr s. S. 112

BALLONFAHRTEN

Balloons over Pagan
Ein singuläres Vergnügen: im Fesselballon lautlos über der Ebene von Pagan schweben und die Monumente aus einzigartiger Perspektive betrachten.
balloons@myanmar.com.mm
www.balloonsoverbagan.com

ELEFANTENCAMPS

Etwa 70 Prozent des Teakbestandes der Welt wachsen in burmesischen Wäldern. Der asiatische Elefant führt hier deshalb als unersetzbares Arbeitstier in der Holzwirtschaft noch ein würdiges Dasein, während er sich in Thailand und Indien sein Futter in Touristenshows verdienen muss. Die Tiere an ihrem Arbeitsplatz zu besuchen, ist etwas mühsam, dafür erlebt man sie in ihrem wahren Element.

(D 9) Taungoo
Sein Yay Forest Camp
In der Nähe von Taungoo haben sich am Rande riesiger Teakplantagen in mehreren Dörfern Mahouts (Elefantenführer) vom Karen-Stamm mit ihren Tieren angesiedelt. Man kann ihnen bei der Arbeit zusehen, selbst reiten und bei den Mahouts übernachten. Allerdings ist ein Geländefahrzeug erforderlich, was ca. 60 € pro Tag kostet. Der Ausflug ist auch von Rangun aus zu buchen, dann allerdings teurer.
Rangun, Woodland Group of Companies, 422/426 Strand Road, 7 FJV Commercial Center Tel. (01) 20 20 71, Fax 20 20 74 woodlandtravels@mptmail.net.mm, www.woodlandgroups.com

(C 9) Pyay
Camps im Dschungel des Rakhine Yoma
Das Abenteuer, zu dem meist ein ganztägiger Marsch gehört, kann man in den Hotels von Pyay buchen. Wer es lieber auf eigene Faust versucht: Im Dorf Nyaung Gyo, ca. zwei Autostunden östlich von Pyay, leben Jäger, die die Elefantenpfade kennen, aber leider wenig Englisch sprechen.

GOLF

Der Sport ist zum beliebten Zeitvertreib der Militärs und anderer wohlhabender Burmesen geworden. Manche Golfclubs heißen Gastspieler willkommen. Listen bei Myanmar Travel & Tours (MTT), s. S. 113.

KINO

Wird in Burma wegen der Gelegenheit zum Händchenhalten von Verliebten sehr geschätzt, ist aber ohnehin gut besucht. Das Programm umfasst schauderhafte burmesische Eigenproduktionen, Kitsch aus Bollywood sowie Hollywoodfilme in Originalversion. Die meisten Kinos gibt es in der Innenstadt von Rangun nahe der Sule-Pagode. Ein Besuch lohnt, wenn man den letzten Bond verpasst hat oder Einblick ins burmesische Sozialleben sucht.

MARIONETTEN-THEATER

Die klassische Variante mit ihren langen und verwickelten Dialogen wird für Touristen zu Spezialprogrammen komprimiert. Solche Vorführungen gibt es abends in vielen Restaurants, vor allem in Pagan. Besonders schön und zudem lehrreich sind die täglichen Vorführungen im Marionettentheater in Mandalay: Die Orchesterinstrumente und die verschiedenen Figuren und Techniken ihrer Führung werden erklärt.

(C/D 6) Mandalay
Mandalay Marionettes Theatre
66th St.(zw. 26th u. 27th St.)
Tel. (02) 344 46 *tgl. 20.30 Uhr*
www.mandalayarionettes.com

MEDITATION

An mehreren international renommierten Meditationsinstituten

Klassischer burmesischer Tanz

Ein starkes Team: Arbeitselefanten und ihre Mahouts

werden verschiedene Formen buddhistischer Selbstversenkung unterrichtet. Ausländer sind willkommen, viele Dozenten sprechen Englisch. Die Lehrpläne sind sehr anspruchsvoll. Informationen: **www.buddhanet.net/medburma.htm**
www.shwenet.com
www.buddhanetz.de

TANZ

Die Beliebtheit des klassischen Tanzes in Burma ist im Schwinden, und dass das Staatsfernsehen seit Jahrzehnten mit der Ausstrahlung endloser Tanzdarbietungen langweilt, hat nicht dagegen geholfen.
In den Touristenzentren gibt es manchmal verkürzte Sondervorführungen, die Veranstaltungstermine kennt fast jedes Hotel. Aufregender sind die Tanzeinlagen professioneller Pwe-Gruppen. Pwe ist eine typisch burmesische Mischung aus Theater, Bühnenshow und Tanz. Auch hierzu Termine am besten im Hotel erfragen.

TAUCHEN

(C/D 10) Rangun
Ngwe Hsaung Dive Base (Myanmar Scuba Divers Team)
Dieses junge Unternehmen bietet Tauch-Trips in ganz Burma an, ist aber nicht international zertifiziert. Für ausgebildete Taucher auf der Suche nach neuem Terrain könnte ein Kontakt dennoch lohnend sein.
5B Pyay Rd., Tel. (01) 50 03 44
Fax 50 26 29
www.myanmarscuba.com

Santana Diving
Der deutsche Marktführer auf Phuket ist Pionier bei der Unterwassererschließung Burmas. Mehrtägige Liveaboard-Touren schließen auch das Myeik-Archipel mit seinen einzigartigen Tauchgründen ein, müssen aber meist länger im Voraus gebucht werden.
Thailand, Patong Beach
Phuket, 222 Taweewong Rd.
Tel. (00 66 76) 29 42 20
Fax 34 03 60
info@santanaphuket.com
www.santanaphuket.com

TREKKING

Burma könnte ein Dorado für Wanderer sein, wären die Behörden konzilianter. Aber drakonische Meldegesetze verbieten es selbst Einheimischen, ohne polizeiliche Anmeldung irgendwo zu übernachten. Zum Glück wird die Vorschrift nicht immer und überall durchgesetzt. Es liegt am lokalen Befehlshaber, ob mehrtägige Trekkingtouren möglich sind. In jedem Fall braucht man einen lizensierten Guide. Die sind meist gut ausgebildet, preiswert und seriös, aber oft durch eine Schule sozialistischer Prägung gegangen. Was nicht ins offizielle Bild passt, wird verschwiegen.
Rund um den **Inle-See (D 7/8)** sind mehrtägige Treks zu Dörfern der Bergstämme erlaubt – und so beliebt, dass sie schon auf recht ausgetretenen Pfaden verlaufen. Lohnender ist Trekking rund um **Kalaw (D 7)**. Auch hier hat sich die Übernachtung in Klöstern und Stammesdörfern durchgesetzt, neben schöner Landschaft gibt es **Shan, Pa-O** und **Palaung**, zu bestaunen.
Besonders reizvoll ist die Gegend rund um **Kyaingtong (F 7)** – allerdings immer wieder von Rebellen umkämpft. Eine halbtägige Fahrt mit dem Geländemotorrad und anschließende kurze Wanderung kann hier in Dörfer der Akha, Aen, Lisu, Lahu oder Wa führen, wo bisher kaum Europäer waren. Die Rückkehr am selben Tag ist aber nicht zu schaffen, man muss eine Übernachtung in den Dörfern vereinbaren. Dabei kann ein zusätzliches Trinkgeld hilfreich sein.
Sehr teuer sind Exkursionen in die noch fast völlig unerschlossenen Grenzgebiete. Man muss sich unter militärische Schirmherrschaft begeben, was Privilegien wie die Übernachtung in Sperrgebieten einschließt. So kann man z. B. Stammesdörfer in den **Chin Hills (B 6/7)** erreichen oder die Naga an der indischen Grenze. **Informationen bei Myanmar Travel & Tours.**

Chinlon

Burmas populärster Breitensport ist denkbar anspruchslos: Den Ball – aus Bambus, Durchmesser 12 cm – kann man notfalls selber flechten; und das Spielfeld ist so klein, dass jeder Vorgarten ausreicht, zur fortgeschrittenen Stunde auch jede Seitenstraße in Rangun. Wichtigste Regel: Der Ball darf nie den Boden oder die Hände berühren. Chinlon kann reihum in der Gruppe gespielt werden oder mit zwei Sechser-Mannschaften über ein Netz. Die Spieler müssen den Ball mithilfe von sechs Stellen an Beinen und Füßen in der Höhe halten, 30 verschiedene Techniken kommen zum Einsatz. Wird nur zum Spaß gespielt, darf natürlich jeder mitmachen – doch Vorsicht, es ist deutlich schwieriger, als es aussieht! Für erste Versuche empfiehlt sich der Strand, da fällt man weicher.

MANGELWIRTSCHAFT

Schönste Notlösungen

Es fehlt an allem, nur nicht an Fantasie

Der Zustand von Burmas Wirtschaft lässt sich an den Reparaturwerkstätten ablesen: Nichts wird unversucht gelassen, um Altes wieder gebrauchsfähig zu machen, alles wird instand gesetzt: Plattenspieler von vor 30 Jahren, Klimaanlagen, Nähmaschinen, Fahrräder und natürlich Autos. Mit Mangel fing die Geschichte der Union von Burma schon an: Nach der Unabhängigkeit stand das Land auf einmal ohne die britische Importware da, auf der die ganze Wirtschaft fußte. Als schließlich 1953 die Gläser ausgingen, entstand aus der Not die **Na-Gar Glass Factory**: Bruchglas wurde gesammelt, eingeschmolzen und zu neuer Form gegossen, zu Gläsern, Bechern, Tellern, zu Schirmen für die bis heute raren Straßenlaternen. Und so ist es im wesentlichen geblieben. Wer die Fabrik betritt (sie liegt versteckt in einem großen, verwilderten Garten), muss auf dem Weg zu den Schmelzöfen an gewaltigen, von Unkraut überwucherten Scherbenhalden vorbei. Noch immer hat Na-Gar das Glasmonopol im Land, aber weil viele Hotels inzwischen wieder lieber zum (hitzefesten) Import greifen, produzieren die Altglasverwerter inzwischen auch für den ausländischen, vornehmlich den italienischen Markt: geblasene Tierfiguren, Briefbeschwerer, Vasen. Die Produktion hat erfreulich zugenommen, lässt dem freundlichen Betreiber aber immer noch Zeit, jeden Besucher ausführlich in die Geheimnisse der Glasbläserei einzuweihen.

Blatt für Blatt: Neue Bücher sind rar, also vervielfältigt U Ba Kyi seine alten

Ein heikleres Gut als Gläser sind **Bücher.** Schon lange wird in Burma kaum noch gedruckt, und der Import von Büchern ist nahezu unmöglich oder verboten. U Ba Kyi aber hat sich dem Erhalt des englischen Buches verschrieben: Er zerlegt seine Literatursammlung in Einzelseiten und kopiert sie. Die Blätter bindet er ganz klassisch mit Fadenheftung und hartem Deckel. Die Qualität von Fotos und Stichen aus den Originalen bleibt natürlich etwas auf der Strecke, auch entsprechen die Preise seiner **Nachdrucke** durchaus dem enormen Arbeitsaufwand – aber dafür findet man hier wahre Raritäten.

Na-Gar Glass Factory (C/D 10) Rangun
152 Yawgi Kyaung Rd., Hlaing Township, Tel. (02) 52 60 53
tgl. außer an Feiertagen 9.30-15.30 Uhr

Bagan Bookshop (U Ba Kyi) (C/D 10) Rangun
100, 37th Street, Tel. (01) 27 72 27 *tgl. 9-18 Uhr*

RANGUN UND DER SÜDEN

(C/D 10) Rangun
Bogyoke Aung San Market
Kein Markt in Asien ist gleichzeitig so gepflegt und traditionell. Antiquitäten- und Souvenirläden, Juweliere, die landesweit besten Adressen für Textilien mit einer riesigen Auswahl an Longyis, aber auch Nudel-Shops und neuerdings Outlets internationaler Luxusmarken. Im Westflügel, unter freiem Himmel, operieren fliegende Edelsteinhändler.
tgl. außer Mo 8.30-17 Uhr

Heritage Gallery
Historische Lackarbeiten, z.B. Betelnussdosen mit Kreuzstichmuster – als Tribut an den Geschmack englischer Fräulein während der Kolonialzeit.
No. 10, Bogyoke Market
Upper Floor
Front Wing, Tel. (01) 50 21 94
thantunmimi@mptmail.net.m
tgl. außer Mo 8.30-17 Uhr

Min Thiha
Gut sortiertes Souvenirgeschäft in Familienhand. Vor allem Silberarbeiten, aber auch Lackwaren, Schmuck und Edelsteine.
585 Pyay Rd. 5th Mile
Tel. (01) 52 59 87 *tgl. 9-19 Uhr*

MK Gems M
Breites Angebot an Souvenirs und kompetente Bedienung. Überdurchschnittliches Angebot hochwertiger burmesischer Steine zu akzeptablen Preisen.
Pyay Road/Ecke Kan Street
Tel. (01) 52 55 50 *tgl. 9-17 Uhr*

Mya Silk House
Gute Auswahl an Longyis, darunter schöne Stücke der ethnischen Minoritäten Kachin, Chin, Mon und Kayin. Großes Sortiment traditioneller burmanischer Kopfbedeckungen (Kongbaung).
131 West Wing Aung San Markt, Tel. (01) 28 59 37
tgl. außer Mo 8.30-17 Uhr

Myanma Gems Museum & Market
Oben in dem Gebäude birgt das Edelsteinmuseum den weltgrößten, 12 Kilogramm schweren Saphir als besonderes Glanzstück. Darunter drängen sich Stände lizensierter Händler. Nicht die preiswerteste Adresse, aber hier hat man die größte Auswahl im ganzen Land. Ideal für Laien.
Kaba Aye Pagoda Road
Tel. (01) 53 10 71
tgl. außer Mo 9-16.30 Uhr

Treasure Land
Die gesamte Souvenirpalette in einem übersichtlichen Laden: Marionetten, Juwelen, Lack, Textilien, Kalaga-Stickereien.
11 Ma Kyee Kyee St., Tel. (01) 52 62 86 *tgl. 9-18 Uhr*

Yoyamay
Hier kauft Ranguns Haute Volée Stoffe und Kleider.
No. 72, Food Center
Bogyoke Aung San Market
Tel. (01) 24 09 66/64 06 36
yoyamay@myanmar.com.mm
tgl. außer Mo. 8.30-17 Uhr

ZENTRAL-BURMA

(C/D 6) Amarapura
Shwe Sin Tine Family
Webstoffe in sehr guter Qualität, schlichten, wunderschönen Designs und tollen Farben.
Maung Dat Yat
Tel. (02) 700 30 u. 707 67
tgl. außer feiertags 9-18 Uhr

Thein Nyo
Longyis aus eigener Herstellung, v.a. Seide, aber auch Baumwolle. Seidenhemden und Blusen von der Stange. Die hauseigene Weberei kann besichtigt werden. Design und Verarbeitung heben sich wohltuend von den Erzeugnissen der Konkurrenz ab.
Oh Taw Quarter
Tel. (02) 704 52
tgl. 8-20 Uhr

Glanzstücke: Schöne Lackarbeiten gibt es vor allem in Pagan

(C/D 6) Mandalay
Daw Nyunt May & Nyunt Nyunt Win
Die einzelnen Schritte des Bronzegusses werden in einer kleinen Ausstellung erläutert.
No. 93, Panthidan, Tampawaddy, Chanmyathase Township
tgl. außer feiertags 9-18 Uhr

Kein Kinderspielzeug: Burmesische Marionetten sind kleine Kunstwerke

Mahamuni Quarter
In dem alten Handwerkerviertel (s. Seite 116 unter „Sehenswert") findet man viele Mitbringsel; ideal zum Beispiel die kleinen Gongs als wohlklingende Tischglocke.
südlich der Mahamuni-Pagode

Mandalay Market
Kunterbuntes Angebot, doch darf man das Bad in der Menge nicht scheuen. Vor der Halle gibt es einen kleinen Nachtmarkt, einen anderen an der Kreuzung 79th/29th St.
84th zw. 26th u. 27th St.

Mandalay Marionettes
Werkstatt, die zu dem Theater in der 66th Street (zwischen 26th und 27th St.) gehört.
www.mandalaymarionettes.com

Mann Shwe Gon
Etablierter Familienbetrieb für Marionetten und Tapisserien. Kunden können bei allen Arbeitsgängen zusehen. Das Design der Tapisserien ist geschmackssicherer und traditioneller als bei der Konkurrenz.
27th zwischen 72nd u. 73rd St.
tgl. 7-22 Uhr

>U Hla Aung
Berühmter Bronzegießer
181/6 Tanpawaddy, Chanmyatharsi Township, Mandalay
Tel. (02) 706 33

U Khing Mg Tint & Daw Than Than Myint
Erstklassige Marmorbildhauer in Mandalays traditionellem Handwerksviertel.
Block Nr. 506, 84th Street
südlich der Mahamuni-Pagode

>U Kyi Thein & Daw Tin Ye
Goldschlägerwerkstatt.
No. 108, 36th Street

>U Sein Myint
Neben dem Atelier hat der Tapisseriekünstler ein Museum mit alten Tapisserien, Lackarbeiten, Möbeln und Musikinstrumenten eingerichtet.
Sequins House, 62nd zwischen 16th und 17th Street
Tel. (02) 265 53/392 54
tgl. außer vollmonds 8-22 Uhr

>Winn Myint
Der Puppenschnitzer fertigt wunderschöne Marionetten.
42nd zwischen 80th und 81st Road

(C 7) Pagan
Golden Cuckoo (U Tin Htun & Daw Aye Aye)
Sehr schöne Lackarbeiten, besonders im zweiten Showroom im Hinterhof.
Myin Ka Par Village
Tel. (02) 670 28
tgl. außer Feiertags 9-18 Uhr

>Maung Aung Myin
Erstklassige Lackwaren.
Art Gallery of Pagan
Myin Ka Par Village
Tel. (02) 670 86

Shwe Wa Thein
Hochwertige Auswahl an alten und neuen Lackwaren, Porzellan, Marionetten und Silberarbeiten. Auch echte alte Opiumgewichte (deren Export verboten ist). Qualifizierte Beratung, aber nicht billig.
Alt-Pagan, Taung Pe Village
Tel. (02) 670 32 *tgl. 6-22 Uhr*

(C 6) Sagaing
U Ba Mhin, Daw Khin Lay & Söhne
Schöne Silberschmiedearbeiten. In der Hinterhofwerkstatt wird nach alter Tradition gearbeitet.
Ywa Htaung, Tel. (072) 213 04
tgl. außer feiertags 9-18 Uhr

OSTEN UND NORDEN

(D 7/8) Inle-See
Ann's Handweaving Centre
Schöne Stoffe und Schals aus Lotosstielfäden.
Myay Ni Gone
Nga Phaye Kyaung
Tel. (081) 220 77 u. 951 54 37 14
ann@myanmar.com

Khit Sunn Yin
Burmas edelste Longyis, der Bangkok Paso für Männer und Ze Me für Frauen, sind aus japanischer Seide. Und weil es die in Burma nicht mehr gibt, werden hier alte, beschädigte Stücke aufgetrennt, gereinigt, neu eingefärbt und zu alter Pracht verwebt.
Inle-See, Innpawkhon
Tel. (081) 214 38 *tgl. 8-18 Uhr*

Shwe Hintha
Souvenirs aller Art. Gute Textilien, viel Ramsch, aber auch ein paar echte Fundstücke: tolle Küchenmesser, schöne Decken des Naga-Stammes.
Inle-See, Tha Lay
Tel. (081) 294 46 *tgl. 8-18 Uhr*

WESTEN

(C 10) Pathein
Merchant Street
Schirmmacherstraße. Die orangebraunen Sonnenschirme der Mönche leisten auch Laien gute Dienste. Bunte Modelle sind meist weniger belastbar.

(B 9) Thandwe
Daw Win Kyaing
Traditionelle Rakhine-Männer-Longyis, für die Thandwe berühmt ist. Sie entstehen nur noch auf wenigen Webstühlen.
No. 2 Bogyoke/Tarwadain Street

Edelsteine

Einige der wertvollsten Rubine kommen aus Burma, die beste Jade, erstklassige Saphire und Halbedelsteine. Kaufen dürfen Ausländer nur bei lizensierten Händlern: Das ist zwar viel teurer als auf dem freien Markt, doch dafür sind keine Betrugsfälle bekannt. Fliegende Händler in Pagan bieten dagegen geschliffenes Glas dreist als Edelstein an. Die Preise richten sich nach Gewicht, Klarheit, Farbe und Schliff. Der ist in Burma oft mangelhaft, Nachschleifen in Thailand oder Deutschland aber teuer und das Ergebnis schwer vorhersehbar. Klarheit ist vor allem bei Rubinen relativ: Sie enthalten fast immer Einschlüsse, Risse sowie ein typisches, feines Netzmuster, das sie von Fälschungen unterscheidet. Entscheidend ist hier der Schimmer. Jade sollte möglichst homogen sein: Kleinste Schlieren senken den Preis erheblich. Wichtigstes Kriterium ist die Farbe: möglichst leuchtend grün bei Jade, ohne den kleinsten Grau- oder Grünstich bei Saphiren; und die edelsten Rubine entfalten ein fantastisches, warmes Rot mit leichtem Blaustich. „Pigeonblood", Taubenblut – für diesen Ton sind burmesische Rubine berühmt.
Schon geringe Unterschiede in der Farbe rechtfertigen enorme im Preis, weshalb seriöse Geschäfte stets mehrere Steine zum Vergleich bereitlegen. Hat man gewählt, heißt es handeln: „Jeder Stein", sagen die Händler, „ist genau so viel wert, wie jemand dafür zu zahlen bereit ist."

> Diese Handwerker werden auf S. 78 ff ausführlicher vorgestellt

RÜCKBLICK

Teile und herrsche

An den Folgen der Kolonialpolitik krankt Burma noch heute

Der Verlust der Unabhängigkeit beginnt mit einer Reihe von Siegen: **1757** zerschlägt der Gründer der letzten burmanischen Dynastie, Alaungpaya, das Mon-Reich von Bago; sein Nachfolger zerstört **1767** Ayutthaya, die Hauptstadt des Erzfeindes Siam (Thailand); und schließlich gelingt **1784** die Rückeroberung von Arakan (Rakhine). Damit ist Burma zunächst wieder Großmacht und nun auch Nachbar der britischen Krone in Indien. Von den Erfolgen geblendet, fordert Burmas Herrscher **1824** Tributzahlungen des Raja von Manipur, der unter britischer Herrschaft steht. Britische Truppen landen darauf in Rangun. Sie fügen den Burmanen eine Reihe von Niederlagen zu, **1826** schließlich muss Burma Arakan und den Südzipfel Tenasserim an England abtreten, Reparationszahlungen leisten und einen britischen „Residenten" in der Hauptstadt Inwa (Awa) dulden. Ein Rechtsstreit liefert den Briten **1852** den Vorwand für den Zweiten Anglo-Burmanischen Krieg, diesmal erobern sie den gesamten Süden und Mittelburma. Und wieder ist es ein Rechtsstreit, der den Briten **1885** als Anlass für den Dritten Anglo-Burmanischen Krieg dient. Fast kampflos fällt der Rest Burmas an die Engländer, der letzte König wird ins indische Exil abgeführt. Um das reichste Land Südostasiens systematisch und ungestört ausplündern zu können, nutzen die britischen Kolonialherren die alten ethnischen Rivalitäten der Region; ihre Politik folgt dem Prinzip des „Teile und herrsche": Das Kernland „Burma Proper" wird ihrer direkten Herrschaft unterstellt, die „Frontier Areas", die Minoritätengebiete, erhalten weitgehende Autonomie; den dortigen Clanchefs und Fürsten machen die Briten zuvor unbekannte Konzessionen, die burmanische Elite hingegen lassen sie ermorden oder in Haftanstalten dahinvegetieren. Gleichzeitig fördern sie in den Städten die Ansiedlung von Indern und Chinesen. Bei Ausbruch des Zweiten Weltkrieges ist Rangun bereits mehrheitlich von Indern bewohnt. Die nationalistischen Kämpfer, die den Briten **1948** schließlich die Unabhängkeit abtrotzen, sind von einer nahezu paranoiden Abscheu gegen die durchtriebenen Machenschaften des weißen Mannes beseelt. Noch unter britischer Ägide unterzeichnen Vertreter der Burmanen und einiger Minderheiten **1947** den – nie umgesetzten – Vertrag von Panglong, wonach die ehemaligen Frontier Areas selbst über ihr politisches Schicksal entscheiden sollten – eine Vorstellung, die nationalistische Burmanen noch heute mit Schrecken erfüllt.

1948: Der britische Gouverneur Sir Rance übergibt die Macht an Sao Shwe Taik, den ersten Präsidenten Burmas

Die Frühzeit

3. Jh. v. Chr. In Thaton, im Südosten, gründen die Mon, eine der ältesten Hochkulturen Südostaseins, einen Stadtstaat. Vermutlich treiben sie Handel mit Indien und bringen den Buddhismus nach Burma.
1. Jh. v Chr. Im Westen entsteht das Reich der Pyu, die wie die Mon wohl von nordindischen Völkern abstammen.
9. Jh. n. Chr. Aus China wandern die bis heute wichtigsten Ethnien des burmesischen Völkergemischs ein: die Shan besetzen den Nordosten, die Burmanen das Zentrum. Beider Druck lässt die Pyu und Mon fast verschwinden.

Die Goldene Epoche

1044 gründet König Anawrahta nach der Eroberung Thatons in Bagan das erste burmanische Großreich. Er und seine Nachfolger errichten in atemraubendem Tempo fast alle bedeutenden burmanischen Pagoden und etablieren den Buddhismus endgültig als vorherrschende Religion.
1289 erobern die Mongolen Kublai Khans Pagan, das burmesische Reich zerfällt in seine ethnischen Bestandteile: In Bago herrschen die Mon, in Inwa die Shan.
1430 entsteht im Westen ein arakanesisches Reich um die Handelsmetropole Mrauk U.
16. Jh. Von Taungoo in Zentralburma aus vereinigt eine neue burmanische Dynastie das Reich wieder; nach der Eroberung von Chiangmai in Nordsiam erreicht es seine größte Ausdehnung.
17./18. Jh. In einer Reihe von Kriegen ringen Burmanen, Shan, Arakanesen, Mon und Thai um Reiche und Vorherrschaft.
1784 Mit der Eroberung Arakans entsteht erneut ein geschlossenes burmesisches Großreich, das nun im Westen an Britisch-Indien grenzt.

Die Kolonialzeit

1824-1885 In drei Kriegen erobern die Briten Burma und machen es zum Teil ihrer Kronkolonie Britisch-Indien (siehe Kasten).
1942 fallen die Japaner in Burma ein und schlagen die Briten vernichtend.
1945 kapituliert Japan.

Das unabhängige Burma

19. 7. 1947 Bei einem Attentat wird Aung San erschossen, der Architekt der Unabhängigkeit, designierter Präsident und Vater von Aung San Suu Kyi.
4. 1. 1948 Burma wird unabhängig und versinkt sofort in einem Bürgerkrieg zwischen ethnischen und politischen Gruppen.
2. 3. 1962 Mit einem Militärputsch übernimmt General Ne Win die Macht; sein „buddhistischer Weg zum Sozialismus" mündet im Bankrott und Terror.

1988: Demonstration für Freiheit

Sommer 1988 Aung San Suu Kyi betritt die politische Bühne. Ne Win tritt unter dem Druck von Massendemonstrationen zurück, die das Militär blutig niederschlägt. Die Militärs bilden eine neue Regierung, den State Law and Order Restauration Council (SLORC), und versprechen freie Wahlen.
20. 7. 1989 Aung Suu Kyi wird unter Hausarrest gestellt.
27. 5. 1990 Burmas erste freie Wahlen seit 30 Jahren finden ohne sie statt. Ihre National League for Democracy (NLD) erringt einen Erdrutschsieg, den der SLORC nicht anerkennt.
10. 12. 1991 Friedensnobelpreis für Aung San Suu Kyi.
10. 7. 1995 Nach sechs Jahren endet ihr Hausarrest. Unter Repressalien nimmt sie ihre politische Tätigkeit wieder auf.
November 1997 Entmachtung besonders korrupter Generäle. Die Regierung, nun unter dem Kürzel SPDC (State Peace and Development Council), bleibt aber in Händen der Militärs.
22. 9. 2000 Aung San Suu Kyi ist bis Mai 2002 erneut unter Hausarrest und wird danach am **30. 5. 2003** auf einer Reise von einem organisierten Mob überfallen und festgenommen.
September 2003 Diese Gefängnishaft wird abermals in Hausarrest umgewandelt.

KOLONIALHOTELS

Zu Gast im Empire

In diesen Hotels ist Burma noch very British

Seit der touristischen Öffnung Burmas werden die lange missachteten Relikte der britischen Kolonialmacht wieder gewürdigt. 1993 ließ der indonesische Design-Magnat Zecha das über Jahrzehnte vergammelte **Strand** in Rangun in alter Pracht wiedererstehen. Es ist neben dem „Raffles" in Singapur oder Bangkoks „Oriental" eines der wenigen bedeutenden Kolonialhotels Südostasiens und erscheint ohne deren moderne Ergänzungen – nicht einmal einen Pool hat es bekommen – sogar noch etwas feiner. Nach der Eröffnung 1901 warb das Haus mit „Ventilatoren und Elektrizität", und seitdem schmückt es sich mit einer beeindruckenden Gästeliste: Schon **Somerset Maugham** stieg hier ab. Die Fassade gereicht ganz Rangun zur Zierde, und das Personal versteht es lautlos, jedem Gast höchste Prominenz zu verleihen. Das **Thande Hotel** in Pagan soll nur gebaut worden sein, um den **Prince of Wales** unterzubringen, als er 1922 das großartigste Kulturdenkmal seines Empires besuchte. Von der alten Anlage ist außer dem Garten nicht viel geblieben, doch wurde unlängst der Hauptbau mit Suiten und Dining Hall nach Originalvorlagen neu errichtet: dunkel, pompös und ganz aus Teak. Außerdem – Hoheit reiste mit Tross – erlauben es Villen verschiedener Preiskategorien, auch bei knappem Budget einmal auf königlichem Grund zu wohnen. Das 1906 erbaute **Candacraig** in Maymyo **(heute Pyin-U Lwin)** beherbergte einst die Angestellten einer Handelsgesellschaft: schottischer Landhausstil gegen das Heimweh. In den Kaminen knisterten selbst dann noch Feuer, als das heruntergekommene Haus in den Jahren burmesischer Selbstisolation Kultstätte der Globetrotter wurde. Wer damals hier landete, hatte schon Kabul und Kathmandu hinter sich. Mit neuem Make-up erhielt das verstaatlichte Hotel auch einen neuen Namen: **Thiri Myaing**. Mit erdbeerfarbener Fassade und weißen Holzbalken strahlt es über einem farbenfrohen Garten. Erhalten sind die Kamine, überholungsbedürftig ist der Service: Von myanmarischen Staatsdienern kann man als Gast nicht viel erwarten.

Die Säulen guten alten englischen Geschmacks in Ranguns Strand Hotel

The Strand (C/D 10) Rangun, 92 Strand Rd.
Tel. (01) 24 33 77-80, Fax (01) 28 98 80, reservation@strandhotel.com.mm, www.ghmhotels.com *32 Suiten* €€€€

Bagan Thande Hotel (C 7) Alt-Pagan, Tel. (02) 671 44
Fax 671 43, thande@myanmar.com.mm
70 Zi. €€–€€€€

Thiri Myaing (Candacraig) (D 6) Pyin-U Lwin
Tel. (085) 220 47 *36 Zi.* €€€

RANGUN UND DER SÜDEN

(C/D 10) **Rangun**
Dusit Inya Lake Resort MM
Räume und Garten großzügig, bester Blick über den Inya-See. Sehr gutes Restaurant, die Lage eher ungünstig am Rand.
37 Kaba Aye Pagoda Rd.,
Tel. (01) 66 28 57, Fax 66 55 37
booking@ dusit.com, www.dusit.com, *211 Zi.* €€€

Kandawgyi Palace
Festungsähnliche Anlage im Pseudo-Burma-Stil am Kandawgyi-See. Gelobte Küche und halbwegs zentrale Lage.
Kan Yeik Tha Road
Tel. (01) 249 25 59
kphotel@mptmail.net.mm
www.kanda_wgyipalace.com
200 Zi. €€€

K Paradise MMM
Glaskasten nahe Schwedagon. Karaokebar, abends Livemusik. Das Englisch ist mangelhaft, Essen und Zimmer sind es nicht.
12 Ko-Min-Ko-Chin Rd., Tel. (01) 54 18 80, Fax 54 18 89
gbh.rangun@mptmail.net.mm
83 Zi. €€

The Pansea M
Geschmackvoller Umbau einer alten Botschaftsresidenz zum Luxushotel. Schöner Garten, sehr gutes Restaurant. Zentral, trotzdem still gelegen.
35 Taw Win Rd., Tel. (01) 22 14 62, Fax 22 82 60
yangon@pansea.com, www.pansea.com *48 Zi.* €€€€

Panorama Hotel MMM
Schmuckloser Zehnstöcker. Helle Zimmer, rühriger Service, gute Küche, zentralste Lage: in der Preisklasse konkurrenzlos.
294-300 Pansodan Street
Tel. (01) 25 30 77, Fax 25 19 87
panorama@mptmail.net.mm
104 Zi. €€

Queen's Park Hotel MMM
Kleiner Turm, vom Zentrum zu Fuß zu erreichen. Gut ausgestattete, aber kleine Zimmer, sehr gutes Chinarestaurant: bietet viel für wenig Geld.
132 Anawrahta Rd., Tel. (01) 29 64 47, Fax 29 35 96, QPHOTEL @mptmail.net.mm *55 Zi.* €

The Savoy MM
Gemütliches Boutiquehotel, von einem Deutschen geleitet.

Kandawgyi Palace: Zum Luxus geh

Nimmt sich europäischer Befindlichkeiten an, auch die Küche. Vollkomfort, Pool.
129 Dhammazedi Rd., Tel. (01) 52 62 89, Fax 54 28 91
savoy@slh.com, www.savoy-myanmar.com *36 Zi.* €€€

The Trader's MM
Massiver Turm der Shangri-La-Kette. Kühl und eher gesichtslos, aber sehr guter Service. Nicht die schönste, aber die komfortabelste Option im Zentrum.
223 Sule Pagoda Road
Tel. (01) 24 28 28, Fax 24 28 00
thyn@shangri-la.com
www.shangri-la.com
402 Zi. €€€

(D 10) **Kyaiktiyo Hill**
Kyaik Hto Hotel M
In luftiger Höhe, nur 15 Minuten Marsch vom „Golden Rock". Bungalows in britischem Landhausstil. Zeitgemäße Ausstattung, schöne Aussicht und die beste Küche der Umgebung.
Tel. (09) 992 31 00, onyx@mptmail.net.mm, www.onyxmyanmar.com *82 Zi.* €€

(D/E 10) **Mawlamyaing**
Thanlwin Hotel MMM
Charmantes Kolonialhotel im Zentrum. Die besseren Zimmer mit üblicher Komfortausstattung, die Standardzimmer ohne Bad, aber mit Mamorböden und wundervoll hohen Decken.
541 Lower Main Rd.,
Tel. (032) 215 18 *15 Zi.* €

ZENTRAL-BURMA

(C 9) **Pyay**
Mingalar Garden Resort MMM
Bis ins Detail liebevoll gestaltete Bungalows in schönem Park. Macht die etwas ungüns-

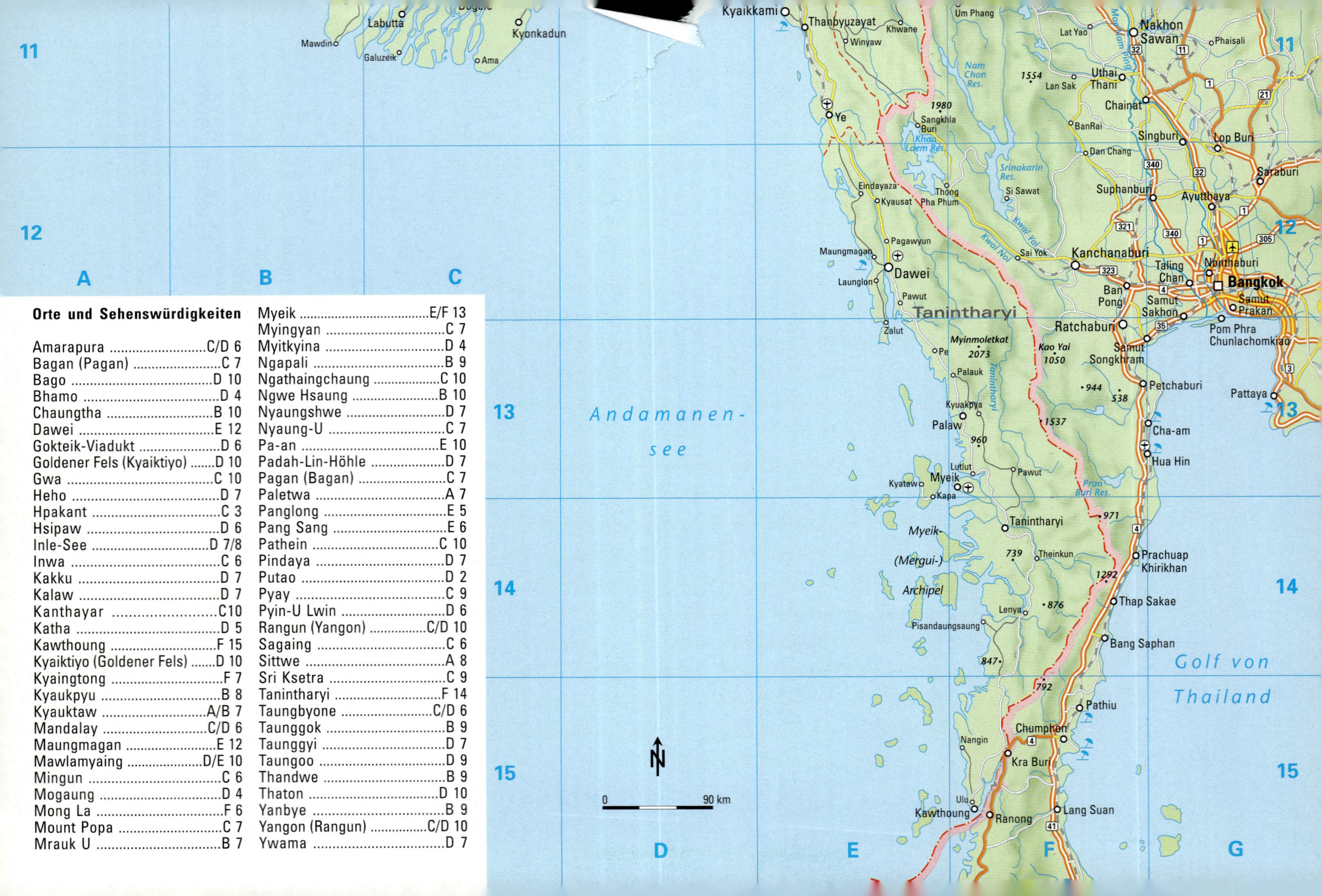

Orte und Sehenswürdigkeiten

BURMA
LAOS
THAILAND
Goldenes Dreieck
Shan
Mandalay
Magway
Rakhine
Rakhine Yoma
Chin Hills
Kayah
Bago
Kayin
Yangon
Golf von Bengalen
DESCH
Chin
Rangamati
Saiha
Satkania
Ramu
Kalarua
Bawli Bazar
Teknaf
Maungdaw
Buthidaung
Kyauktaw
Paletwa
Kaladan
Matupi
Khreum
Nat ma toung N.P.
Mt. Victoria 3053
Hakha
Lam tok
Bon Zone
Siatlai
Gangaw
Zayat
Wingon
Kani
Hti lin
Mrauk U
Rathedaung
Kyuakpanduywama
Magyichaung
Ywathike
Sittwe
Minbyar
Melun
Tandin
Pyechin
Yebok
Kyaukpyu
Yanbye
Man'aung
Meinmagwe
Taunggok
Thandwe
Ngapali
Kyeintali
Kanthayar
Gwa
Ngathaingchaung
Chaungtha
Ngwe Hsaung
Pathein
Nathahu
Hinogyaung
Moulmeingyun
Kyaiklat
Maubin
Rangun (Yangon)
Yandon
Insein
Kanbe
Syriam
Thongwa
Kungyangon
Henzada
Letpadan
Minhla
Okpo
Gyobingauk
Zigon
Paungde
Shwedaung
Pyay
Sri Ksetra
Thayetmyo
Allanmyo
Mindon
Minbu
Magwe
Yenan-gyaung
Chauk
Pakokku
Myingyan
Meiktila
Mt. Popa 1518
Monywa
Shwebo
Sagaing
Mandalay
Amarapura
Pyin-U Lwin
Kyaukme
Hsipaw
Gokteik-Viadukt
Burma Road
Taunggyi
Inle-See
Kalaw
Heho
Pindaya
Lawksawk
Loi-kaw
Pyinmana
Kyidaunggan
Shwemyo
Tatkon
Taungdwin
Taungoo
Pyu
Nyaunglebin
Paungdawthi
Kyaiktiyo (Goldener Fels)
Kyaikto
Bago
Thanatpin
Onhne
Thaton
Thaygon
Mawlamyaing
Martaban
Mudon
Bilin
Pa-an
Kawkpalut
Kawkreik
Thanlwin
Nattaung 2623
Kyaingtong
Möng Ping
Kunhing
Namhsan
Panglong
Mong Pan
Jinghong
Mengla
Luang Nam Tha
Phu Phadeng 1550
Mae Sai
Tachilek
Chiang Rai
Wiang Chai
Fang
Phan
Phayao
Chiang Mai
Lamphun
Lampang
Phrae
Mae Hong Son
Doi Inthanon 2590
Mae Sariang
Nan
Uttaradit
Sawankhalok
Sukhothai
Kong Krailat
Phitsanulok
Phichit
Phetchabun
Kamphaeng Phet
Tak
Mae Sot
Mae Ramat
Doi Tachi 1027
Phumiphon Res.
Sirikit Res.
U Thai

der Blick auf die Schwedagon-Pagode

tige Lage am Stadtrand wett.
Aung Chan Tha Quarter, Tel. (053) 211 06, Fax (01) 29 75
98 Zi. €€

Smile Motel MM
Altes Provinzhotel im Herzen der Stadt, dessen Charme durch Modernisierungen nicht gelitten hat. Beliebt bei Individualtouristen.
10-11 Bogyoke St.
Tel. (053) 251 69 *32 Zi.* €

(D 9) Taungoo
Amazing Hotel MM
„Erstaunlich" ist, dass es im Umsteige-Stopp Taungoo überhaupt ein brauchbares Hotel gibt. Gute Zimmer mit Warmwasserdusche, Klimaanlage, Satelliten-TV und Telefon.
8th St., Tel. (054) 219 77
18 Zi. €€

(C/D 6) Mandalay
Mandalay Swan MMM
Erfreulichste Unterkunft der Stadt. Zweistöckiger, lang gestreckter Kolonialstilbau. Penibel gemanagt. Garten mit Tennisanlage und Pool. Viele Reisegruppen, deshalb oft Trubel.
26th zwischen 66th u. 68th St. Tel. (02) 315 87, *106 Zi.* €€€

Mann Myanmar MMM
Kleines hübsches Haus in ruhiger Lage hinter dem Sedona. Freundliches Personal, sehr saubere und angenehme Zimmer. Besonders schön die „Suite". Oft voll, telefonische Voranmeldung empfohlen.
27th zwischen 65th u. 66th St. Tel. (02) 323 09 *11 Zi.* €

Pacific Hotel MM
Hochhaushotel – protzig, kalt und kitschig. Aber ruhige, gut ausgestattete Räume. Das Personal spricht kaum Englisch. Zentral gegenüber dem Bahnhof.
30th/78th Street
Tel. (02) 325 05 *91 Zi.* €€

Sedona M
Luxushotel mit Ausblick auf Mandalay Hill und den Palast. Sehr schöne Zimmer, attraktiver Pool, aber mickriger Garten.
26th/66th Street
Tel. (02) 364 88, Fax 364 99
bc.shm@sedona.com.mm
www.sedonahotels.com.sg
247 Zi. €€€€

Taung Za Lat Hotel MM
Ideale Lage an der Südwestecke des Mandalay-Forts. Saubere, einfache Zimmer mit Bad, Klimaanlage, TV, aber ohne Aufzug (bei fünf Stöcken). Service schleppend, aber freundlich. Die Betreiber sind Chin und ziehen interessante Gäste aus ihrer Region an.
81st/26th Street
Tel. (062) 700 84 *30 Zi.* €

(C 6) Sagaing
Happy Hotel & Restaurant
Lustiges kleines Provinzhotel mit Zimmern unterschiedlicher Ausstattung. Macht dem Namen mit stets strahlendem Personal Ehre. Ideal, um Mandalays Umgebung per Pedal zu erkunden.
Nähe Sagaing Markt
Tel. (072) 214 20 *19 Zi.* €

(C 7) Pagan
Arthawka Hotel MMM
Das reellste Angebot in Neu-Pagan. Zweistöckiger Atriumbau mit großem Pool.Die Zimmer schnörkellos und funktional, aber nicht ohne Eleganz. Profesionell gemanagt.
Neu-Pagan, 160 Cherry Rd., Tel. (062) 701 76, www.visitmyanmar.com/Comp-Hotels-3.html
60 Zi. €€

Pagan Central Hotel M
Steinbungalows, Zimmer gut ausgestattet und geräumig, Personal sehr freundlich. Kleiner, stiller Garten, angenehm familiäre Atmosphäre. Beliebt bei Individualtouristen.
Neu-Pagan, 15/16 Khayay St. Tel. (02) 671 41 *11 Zi.* €

Bagan Hotel MMM
Liebevoll wurde die klassische Sakralarchitektur der Region in einem komfortablen Hotelbau nachempfunden: ein romantisches Lehrstück zur Kunstgeschichte, sehr zentral gelegen.
Alt Pagan, Tel. (02) 671 45, Fax (02) 673 11, olbagho1@bagan.net.mm, www.myanmars.net./baganhotel *104 Zi.* €€€

Thazin Garden Hotel MM
Bungalows und Minihotel mit Pool in schattiger Grünanlage. Vom oberen Stock des Hotels Blick auf mehrere Monumente.
Neu-Pagan, Thazin Rd., Tel. (062) 700 20 *59 Zi.* €€€

Golden Express MMM
Bungalows und kleines Hotel in großem Garten. Räume unspektakulär, Bäder spartanisch, aber herrlich beschatteter Pool.
Alt-Pagan, Tel. (062) 701 01
geh@myanmar. com.mm
www.goldenexpress tours.com
56 Zi. €

The Hotel@Tharabar Gate M
Die schönsten Standardzimmer in Pagan: lichtdurchflutet, hoch, kühl-elegant und mit Freskostreifen nach Tempelvorlage. Ideale Lage am Tharabar-Tor.
Alt-Pagan, Tel. (02) 672 17
Fax (01) 22 79 80 tharabar@myanmarpartners.com.mm
www.tharabargate.com
86 Zi. €€€

Thiripyitsaya Sakura Hotel MM
Kolonialstilvillen auf 24 Hektar Rasen. Pool. Ästhetischer, aber schattenarmer Komplex. Das Spa bedient auch externe Gäste.
Alt Pagan, Tel. (02) 672 89, Fax 672 86, thiri@myanmar.com.mm
www.thiripyitsaya.com
76 Zi. €€€

(C 7) Nyaung-U
Aung Mingalar Hotel MMM
Großzügig angelegtes Bungalowhotel, zentral mit Blick auf die Schwezigon-Pagode. Geräumige Zimmer und Bäder, Frühstückspavillon. Eines der besten Angebote, häufig voll.
Tel. (02) 674 06 *24 Zi.* €

(C 7) Popa
Popa Mountain Resort MMM
Eines von Burmas schönsten Hotels. Luxusbungalows im Wald auf knapp 900 Meter Höhe gegenüber dem Popa-Kloster. Spektakuläre Aussicht. Pool, Golf und eigener Reitclub.
Tel. (062) 70 36 57, Fax 703 58
woodlandtravels@mptmail.net.mm, www.woodlandgroups.com
50 Zi. €€€

OSTEN UND NORDEN

(D 4) Bhamo
Grand Hotel MM
Am Rande der Zivilisation heißt Grandezza: China-Kitsch mit Klimaanlage, Warmwasser, Satelliten TV – und falls abends der Strom angestellt wird, funktioniert auch alles. Der Service jedoch klappt rund um die Uhr.
Post Office Rd., Tel. (074) 503 17, 503 19 *40 Zi.* €

(D 7/8) Inle-See
Aung Mingalar MMM
Steinerne Bungalows in kleiner, ruhiger Gartenanlage am Dorfrand. Reservierung empfohlen.
Nyaungshwe, Tel. (081) 293 39
12 Zi. €€

Four Sisters MMM
Schlichte Reihenbungalows am Kanal,der zum See führt. Die „Vier Schwestern" sind rührend um die Gäste bemüht. Häufig ausgebucht, reservieren.
Nyaungshwe, Nan Pan Quarter
Tel. (081) 291 90, *8 Zi.* €

Inle Princess Resort: das schönste Haus am See, mit schönem Garten

Golden Island Cottages M
Komfortabler Pfahlbau auf dem See, aus Bambus mit Blätterdach. Nebenan ein schwimmendes Dorf. Unprofessionell von einem Pa-O-Kollektiv bewirtschaftet, dafür gute Ethno-Küche.
Nam Pan, Tel. (081) 293 90
PNO@mptmail.net.mm, www.gicmyanmar.com *52 Zi.* €€

Golden Island Cottages 2 M
Kleiner Ableger des oben genannten Projektes am Ufer. Nur wenige Meter neben einem Vogelschutzgebiet.
Thale U, Tel. (081) 293 89
PNO@mptmail.net.mm
www.gicmyanmar.com
16 Zi. €€

Inle Princess Resort MM
Der hervorragend konzipierte Holzbaukomplex direkt am Ufer erinnert an die Paläste der Shan-Fürsten. Kleines Spa, eigene Töpferei und ein Intha-Dorf nebenan. Mit Abstand das schönste Haus der Gegend.
Magyizin, Tel. (081) 290 55
Fax 293 63, ipr@mptmail.net.mm
www.inleprincessresort.com
56 Zi. €€€

Paradise Inle Resort MM
Großzügige Pfahlbau-Anlage. Pfiffig konzipierte, durch Stege verbundene Bungalows. Alle Zimmer mit Balkon und privatem Speisezimmer. Ruhige Lage und gut zum Schwimmen.
Maing Thauk Village, Tel. (081) 220 09, Fax 235 86
60 Zi. €€€

Shwe Inn Tha MMM
Pfahlbau auf dem See. Standard-Zimmer eher durchschnittlich, Superior Rooms mit tuchbespannten Wänden und folkloristischen Bädern sehr hübsch.
Thar Lay Village, Tel. (081) 230 61, www.shweinntha.com
30 Zi. €€€

(D 7) **Kalaw**
Kalaw Hotel M
Eine der verbliebenen Hotellegenden Burmas, Baujahr 1903. Holzgetäfelte Zimmer, z. T. mit Originalmöbeln. Einst sehr britisch, jetzt ein wenig spukig und somit ungeheuer stimmungsvoll.
Tel. (081) 500 39 *45 Zi.* €€

Pine View Inn MM
Geräumige, helle Zimmer in älterem Reihenbungalow. Ruhig am Stadtrand.
Versity Rd., Tel. (081) 501 85
12 Zi. €

(F 7) **Kyaingtong**
Private Hotel MM
Komfortbungalows einige Fußminuten außerhalb der Stadt. Der Besitzer organisiert die besten Trekkingtouren der Region sowie kulinarische Ausflüge zu den Küchen des Lue-Stammes.
5 Airport Rd., Tel./Fax (084) 214 38, info@ktgprivatehotel.com, www.ktgprivatehotel.com
7 Zi. €€

(D 7) **Pindaya**
Pindaya Inle Inn MM
Tochter des Princess Resort vom Inle-See. Steinbungalows mit einem Hauch Kolonialstil, sehr liebevoll eingerichtet. Die „Chalets" mit eigenem Kamin. Beste Küche am Ort.
Mahabandoola St., Tel. (01) 21 12 26, princess@yangon.net.mm, www.inleprincessresort.com *32 Zi.* €€€

(D 7) **Taunggyi**
Taunggyi Hotel M
Stimmungsvolle alte Gartenanlage am Stadtrand. Ehemals repräsentatives Regierungshotel, in dem sich noch immer Postkolonialismus mit burmesischem Sozialismus mischt.
Shu Mny Aw Khin Road
Tel. (081) 211 27 *56 Zi.* €€

WESTEN

(B 10) **Chaungtha**
Lai Lai Chaungtha Beach Hotel MMM
Großzügige Anlage mit Holz- und Steinbungalows am schönsten Strandabschnitt. Sie sind die stimmungsvollsten und preiswertesten Unterkünfte am Ort und haben kleine Zimmer mit Bad und Ventilator. Service schleppend, Küche erbärmlich.
783 Maha Bandoola Street
Tel. (01) 22 59 13 *64 Zi.* €

Shwe Hin Tha MM
Geräumige Strandbungalows. Das Management bemüht sich rührend v. a. um westliche Gäste. Am Strandende – ruhig, aber relativ weit vom Dorf.
Tel. (01) 65 05 88
33 Zi. €-€€

(B 7) **Mrauk U**
Vesali Resort Hotel MM
Hübsche Holzbungalows in einem Garten mit Teich in unmittelbarer Nachbarschaft der Monumente. Viel gelobtes Restaurant.
Tel. (01) 52 56 09
Fax 52 63 25, myathiri@mpt-mail.net.mm *12 Zi.* €€

(B 9) **Ngapali**
Bayview Resort MM
Minimalistisch elegante Bungalowanlage mit allen Finessen wie Massage direkt am Strand. Service wie Küche erstklassig, deutsche Leitung.
Tel. (01) 50 44 71
Fax 52 62 92
hotel@bayview.com.mm
www.Bayview-Myanmar.com
33 Zi. €€€

Lin Thar Oo Guest House MMM
Beste Low-Budget-Option in Ngapali. Düstere aber geräumige Holzbungalows an relativ steinigem Strandabschnitt. Eines der besten und preiswertesten Restaurants vor Ort.
Tel. (01) 22 99 28 *9 Zi.* €

Royal Beach Motel M
Kleiner Bungalowkomplex am ruhigen Südende des Strandes. Zimmer nicht gerade stilecht, aber bequem und funktionell.
Tel. (01) 22 12 59
Fax 22 72 74, ktz@mptmail.net.mm, *18 Zi.* €€

(B 10) **Ngwe Hsaung**
Myanmar Treasure Beach M
Schöne Anlage mit palmblattgedeckten Bungalows um einen kleinen Pool.
Telefon (01) 50 15 60
Fax 50 26 92, newbeach@myanmartreasure beach.com
www.myanmartreasurebeach.com *40 Zi.* €€€

Sunny Paradise Resort MM
Bungalows und Minihotels in großem Palmengarten am Strand. Pool, Tennis, Massage, Restaurant und Karaokebar.
Tel. (01) 54 60 02, 54 60 01
tmwlwynn@mptmail.net.mm
39 Zi. €€€

Nächte im Kloster

Wie Mönche wohl wohnen? Sie können es probieren

Auf der Bastmatte
Wie christliche Kirchen sind auch buddhistische Klöster traditionelle Zufluchtsorte mittelloser Pilger und Flüchtlinge und kennen dabei weder Rassen- noch Religionsschranken. Die Behörden sehen es zwar nicht gern, aber eigentlich sollte eine Klosterübernachtung – für Männer und Frauen! – überall dort möglich sein, wo ein Hotelaufenthalt aus irgendwelchen Gründen unmöglich ist. Einzige Ausnahme ist leider der „Goldene Fels", dessen Gelände zum dortigen Kloster gehört: Hier, wo es am schönsten wäre, sich unter einheimischen Besucherscharen einzurichten, hat die Behörde strikt gegen den westlichen Individualtouristen entschieden.
Ansonsten ist die Einwilligung des Abtes Voraussetzung, er trägt dann auch die Verantwortung für eventuelle bürokratische Folgen. Vorsprache erfolgt in gesitteter Kleidung und auf Knien. Geboten wird außer Erfahrung und höchster Gastfreundschaft meist nur der nackte Boden und eine Bastmatte. Ventilator, Moskitonetz oder etwa gar Privatbad gibt es nur im Ausnahmefall. Im Kloster speist man „Gabenküche" – Hausfrauenkost, die meist vorzüglich ausfällt. Eine Spende vor Abreise wird vom Abt gern entgegengenommen.

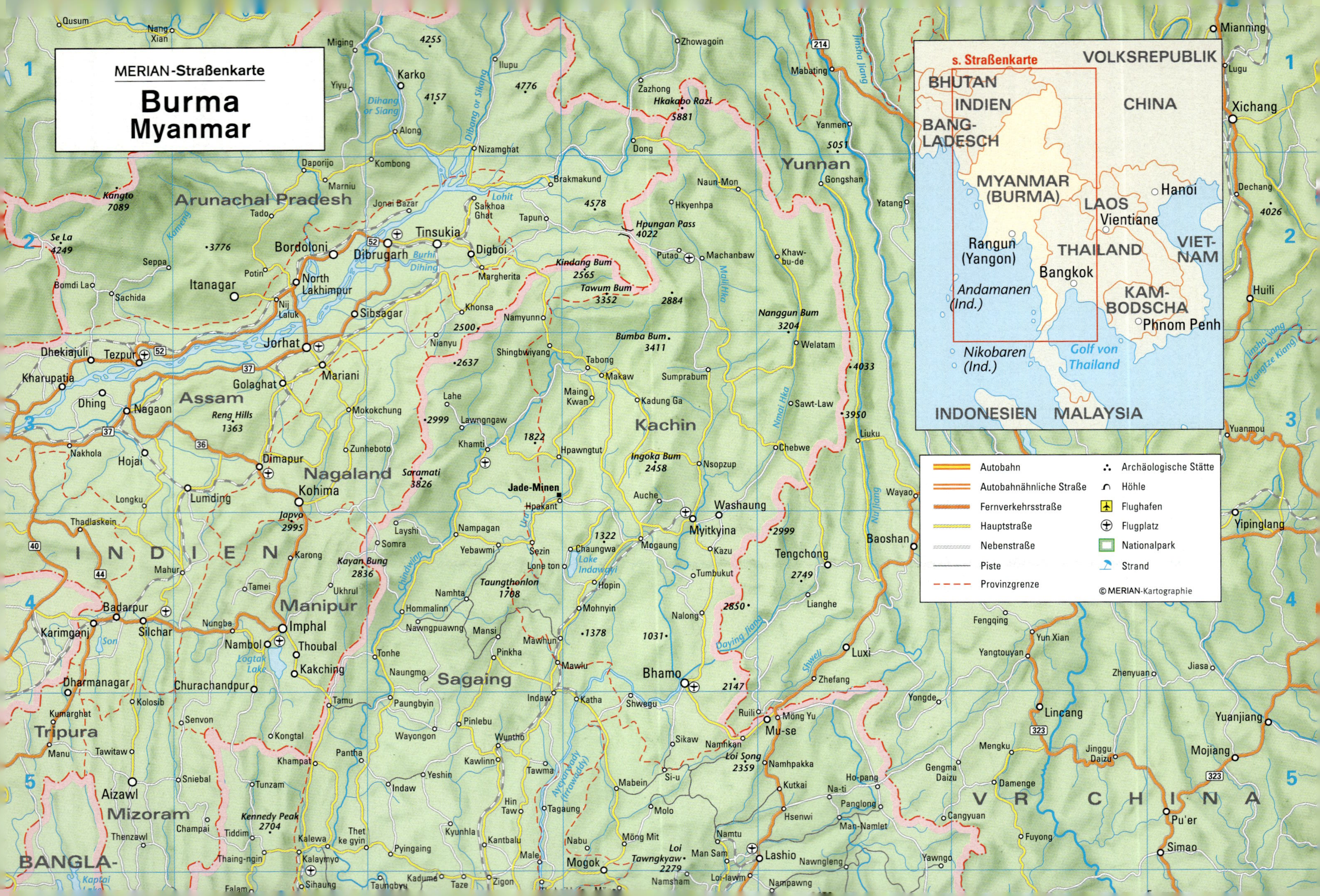

MERIAN-Straßenkarte
Burma
Myanmar
s. Straßenkarte
VOLKSREPUBLIK
CHINA
BHUTAN
INDIEN
BANG-LADESCH
MYANMAR (BURMA)
LAOS
Hanoi
Vientiane
VIET-NAM
THAILAND
Rangun (Yangon)
Bangkok
Andamanen (Ind.)
KAM-BODSCHA
Phnom Penh
Nikobaren (Ind.)
Golf von Thailand
INDONESIEN
MALAYSIA
Autobahn
Autobahnähnliche Straße
Fernverkehrsstraße
Hauptstraße
Nebenstraße
Piste
Provinzgrenze
Archäologische Stätte
Höhle
Flughafen
Flugplatz
Nationalpark
Strand
© MERIAN-Kartographie
Arunachal Pradesh
Assam
Nagaland
Manipur
Tripura
Mizoram
I N D I E N
BANGLA-
Kachin
Sagaing
Yunnan
V R C H I N A
Itanagar
Bordoloni
Dibrugarh
Tinsukia
Digboi
North Lakhimpur
Sibsagar
Jorhat
Mariani
Golaghat
Tezpur
Dhekiajuli
Kharupatia
Dhing
Nagaon
Hojai
Lumding
Dimapur
Kohima
Imphal
Thoubal
Kakching
Nambol
Churachandpur
Silchar
Badarpur
Karimganj
Dharmanagar
Aizawl
Myitkyina
Washaung
Bhamo
Mogok
Lashio
Mu-se
Tengchong
Baoshan
Luxi
Lincang
Yuanjiang
Mojiang
Pu'er
Simao
Xichang
Mianning
Yipinglang
Hkakabo Razi 5881
Hpungan Pass 4022
Kangto 7089
Saramati 3826
Kennedy Peak 2704
Jade-Minen
Lake Indawgyi
Loktak Lake

MERIAN

Heft 1/2004, Januar, Erstverkaufstag dieser Ausgabe ist der 18. 12. 2003

MERIAN erscheint monatlich im Jahreszeiten Verlag GmbH, Poßmoorweg 5, 22301 Hamburg Tel. 040/27 17-0, Fax 040/27 17-20 56 **Anschrift der Redaktion:** Harvestehuder Weg 42, 20149 Hamburg Postfach 130444, 20139 Hamburg, E-Mail: Redaktion@Merian.de, Tel. 040/441 88-231, 441 88-240 Fax 040/441 88-310 **Website:** www.merian.de **Leserservice:** Postfach 601220, 22212 Hamburg Tel. 040/87 97 35 40, Fax 040/27 17 - 20 79

Herausgeber:
Manfred Bissinger
Chefredakteur: Andreas Hallaschka
Art Directorin: Sabine Lehmann **Chef vom Dienst:** Tibor M. Ridegh **Redakteure:** Kathrin Sander Charlotte von Saurma, Thomas Gebhardt (freie Mitarbeit), Thorsten Kolle (freie Mitarbeit)
Redakteurin dieses Heftes: Barbara Baumgartner **Schlussredaktion:** Tibor M. Ridegh, Jasmin Wolf (stv.)
Layout: Cornelia Böhling, Katharina Holstein, Ingrid Koltermann, Dorothee Schweizer (stellv. Art Directorin)
Bildredaktion: Hanni Rapp, Michael Kleehaupt (freie Mitarbeit), Petra Mellmann (freie Mitarbeit), Eva M. Ohms **Bildredakteurin dieses Heftes:** Hanni Rapp **Kartographie:** Peter Münch
Dokumentation: Jasmin Wolf, Andrea Wolf (freie Mitarbeit) **Mitarbeit:** Helmut Golinger, Susanne Thoms
Herstellung: Karin Harder **Redaktionsassistenz:** Sabine Birnbach, Katrin Eggers
Geschäftsführung Premium Magazine: Peter Rensmann
Gesamt-Anzeigenleitung: Roberto Sprengel **Anzeigenleitung:** Christel Janßen
Anzeigenstruktur: Patricia Hoffnauer **Marketing:** Kenny Machaczek, Ulrich Rieger, Sonja Wünkhaus
Vertriebsleitung: Jörg-Michael Westerkamp (Zeitschriftenhandel), Jan Wiesemann (Buchhandel)
Verantwortlich für den redaktionellen Inhalt: Andreas Hallaschka
Verantwortlich für Anzeigen: Roberto Sprengel

Verlagsbüros Inland:

Hamburg: Tel. 040/27 17-25 95, Fax -2520, E-Mail: vb-hamburg@jalag.de
Berlin: Tel. 030/80 96 23-60, Fax -70, E-Mail: vb-berlin@jalag.de
Hannover: Tel. 0511/85 61 42-0, Fax -19, E-Mail: vb-hannover@jalag.de
Düsseldorf: Tel. 0211/901 90-0, Fax -19, E-Mail: vb-duesseldorf@jalag.de
Frankfurt: Tel. 069/97 06 11-0, Fax -44, E-Mail: vb-frankfurt@jalag.de
Stuttgart: Tel. 0711/966 66-520, Fax -22, E-Mail: vb-stuttgart@jalag.de
München: Tel. 089/99 73 89-30, Fax -44, E-Mail: vb-muenchen@jalag.de

Repräsentanzen Ausland:

Basel: Intermag AG, Tel. +4161/275 46-09, Fax -10, E-Mail: info@intermag.ch
Brüssel: Publicitas Media, Tel. +322/639 84-29, Fax -40, E-Mail: ibellis@publicitas.com
Danderyd: Annonsbolaget JB Media AB, Tel. +46/8753 96 04, Fax 708753240, E-Mail: anette@annonsbolaget.se
Frederiksberg: Jungersted & Brostrøm, Tel. +45/33 22-20 20, Fax -9959, E-Mail: gitte.schuler@jbmedia.dk
London: The Powers Turner Group, Tel. +44 20/7630 99 66 Fax 76 30 99 22, E-Mail: cweiss@publicitas.com
Mailand: Media & Service International Srl, Tel. +39 02/48 00 61 93, Fax 48 19 32 74, E-Mail: info@it-mediaservice.com
Paris: International Magazine Company, Tel. +331/53 64 88 91, Fax 45 00 25 81, E-Mail: imc@international.fr
Madrid: AMB Publicidad y Marketing, S.L., Tel. +34 91/300-54 54, Fax -5181, E-Mail: ambp@retemail.es
Wien: Verlagsbüro Kepreda, Tel. +43 1/87 71 78-2, Fax 877 87 11, E-Mail: 1@kepreda-jahreszeitenverlag.at
New York: The Russell Group Ltd., Tel. +12 12/213 11-55, Fax -60, E-Mail: info@russellgroupltd.com

Die Premium Magazin Gruppe im Jahreszeiten Verlag

A&W Architektur & Wohnen COUNTRY DER FEINSCHMECKER WEIN Gourmet MERIAN

Gülige Anzeigenpreisliste: Nr. 37d

Preis im Abonnement im Inland monatlich 6,37€ inklusive Zustellung frei Haus. Der Bezugspreis enthält 7% Mehrwertsteuer. Auslandspreise auf Nachfrage. Postgirokonto Hamburg 132 58 42 01 (BLZ 200 100 20) Commerzbank AG, Hamburg, Konto-Nr. 611657800 (BLZ 200 400 00)
Führen in Lesemappen nur mit Genehmigung des Verlages. Printed in Germany

Weitere Titel im Jahreszeiten Verlag: Für Sie, petra, vital, PRINZ, A&W Architektur & Wohnen, COUNTRY, DER FEINSCHMECKER, WEINGourmet, schöner reisen, ZuhauseWohnen, SelberMachen
Litho: Alphabeta Druckformdienst GmbH, Hamburg. Druck und Verarbeitung: heckel GmbH, Nürnberg, schlott Gruppe
ISBN: 3-7742-6901-7 MERIAN (USPS No. 011-458) is published monthly. The subscription price for the USA is $ 110 per annum. K.O.P.: German Language Publications, Inc., 153 South Dean Street, Englewood NJ 07631. Periodicals postage is paid at Englewood NJ 07631, and at additional mailing offices. Postmaster: send address changes to: MERIAN, German Language Publications, Inc. 153 South Dean Street, Englewood NJ 07631.

JAHRES ZEITEN VERLAG

Ein Unternehmen der
GANSKE VERLAGSGRUPPE

Titel: Diesen überlebensgroßen Marmor-Buddha fand unsere Fotografin Antonina Gern in einer Steinmetzwerkstatt in Mandalay

Bildnachweis

Anordnung im Layout: o=oben, u=unten, r=rechts, l=links, m=Mitte
Titel: Antonina Gern; S.3 o Nicolas Cornet, m A. Gern, u Philippe Gontier; S.4/5 o Harf Zimmermann, l Martin H. Petrich, m A. Gern, or Oliver Bolch/Anzenberger, ur Tilo Völk; S.6 o Peter Klier aus: A Photographic Journey, Noel F. Singer, Kiscadale 1993, u Nicole Häusler; S. 8 o Volkmar E. Janicke, m Karin Desmarowitz/Agenda, u A. Bunz; S.10 o Jochem Wijnands/Picturecontact, m Bernard Napthine/Lonely Planet Images, u Myanmar Perspectives; S. 12/13 Raffaele Celentano, S. 14/15 O.Bolch/Anzenberger; S. 16/17 T. Völk; S. 18 o Achim Bunz, u Bernd Jonkmanns; S. 19 A.Bunz; S. 20/21 Cathrine Wessel; S. 22/23 Martin Sasse/Laif; S. 24/25 ol Marco Paoluzzo; or Hans Dieter Kley, u B.Jonkmanns; S. 27 A.Bunz; S. 30/31 Günter Gräfenhain/Huber; S. 32 N.Cornet/Agentur Focus; S. 33 o N.Cornet/Agentur Focus, u Peter Bialobrzeski/Laif; S. 34/35 B. Jonkmanns; S. 36 o K.Desmarowitz/Agenda, u Lois Hechenblaikner; S. 37 O. Bolch/Anzenberger; S. 40 Michael Wolf/Laif; S. 43 o AFP/DPA, m und u Archiv Häusler; S. 44-52 A.Gern; S. 54-60 P. Gontier; S. 62/63 A. Bunz; S. 64/65 R. Celentano; S. 66/67 A. Bunz; S. 68 /69 R.Celentano; S. 71 l M.Paoluzzo; S. 71 r R.Celentano/Laif; S. 72 O. Bolch/Anzenberger; S. 73 A. Bunz; S. 74 ul Reuters /E-Lance Media, ur Nick Nostitz/Agentur Focus; S. 75 Jason Reed/Reuters/E-Lance Media, u N.Nostitz/Agentur Focus; S.76 l N. Nostitz/Agentur Focus, r Reuters/E-Lance Media; S. 77 N.Nostitz/Agentur Focus; S. 78-83 A. Gern; S. 84/85 Franck Charton; S. 86 o R. Celentano/Laif, u Nicole Häusler; S. 87 o N.Häusler, u O. Bolch/Anzenberger, S.88 G.Gräfenhain/Huber; S. 90 Heimo Aga; S. 92 David Henley/CPA; S. 93 und S. 94 o Noel F. Singer: A Photographic Journey, Kiscadale 1993; S. 94 u A.Bunz; S. 98 o DPA; S. 98/99 aus: The Stone of Heaven, A.Levy und C.Scott-Clark, Phoenix 2002; S. 100-108 N.Cornet; Ag. Focus; S. 110 A.Bunz; S. 111 o L.Hechenblaikner, u J. Lehmann/d-p-o.com; S. 113 Planetobserver.com M-Sat; S. 114 o Gerard Saitner, u F.Charton; S. 115 l V.E. Janicke, r Gregor Lengler; S. 116 l Helmut Köllner, r F. Charton; S. 117 Martin Thomas; S. 118 l G. Lengler, r F.Charton; S. 119 o G. Gräfenhein/Huber, u F.Damm/ Huber; S. 120 Orient/Huber; S. 121 L. Hechenblaikner; S. 122 J. Lehmann/d-p-o.com; S.123 A.Bunz; S. 124 V.E.Janicke; S. 126 l B. Napthine/Lonely Planet Images, r Jill Gocher; S. 127 B.Jonkmanns; S. 128 l Renate Loose/Bintang Buchservice, r N.Häusler; S. 129 Tom Märkl; S. 130 l Bettmann/Corbis, r aus: Burma's Revolution of The Spirit, Aperture Foundation 1994; S. 134 H. Aga, S. 134/135 G. Gräfenhain/Huber; S. 135 G. Gräfenhain/Huber; S. 136 O. Bolch/Anzenberger; S. 138 o W. Gamerith/Anzenberger, ul Horst Klœver, ur R. Bösch/Anzenberger

Vor der Kulisse der Lechtaler Alpen: Zwieslen im Bschlaber Tal

Gelebte Tradition: voller Stolz in voller Tracht zum Schützenfest

Ski-Paradies: Das Stubaital ist eines der vielen Top-Reviere für Wintersportler

Zuletzt erschienen:

Dezember 2003

November 2003

Oktober 2003

September 2003

August 2003

Juli 2003

Tirol **Aus dem Inhalt dieses Heftes:**

- Innsbruck: Hauptstadt zwischen den Bergen
- Schützen: Für Kaiser, Gott und Vaterland
- Sölden: Monopoly am Gletscher
- Osttirol: Modern ist, wie's früher war
- Porträts: Wir sind die Antons aus Tirol
- Aktiv: Sechs Sportarten in sechs Tagen

Freuen Sie sich auch auf die nächsten MERIAN-Ausgaben:
Französische Atlantikküste, Leipzig, Lissabon, Harz, Athen und die Kykladen